LA LEY DE LA MENTE EN ACCIÓN

Lecciones y Tratamientos Diarios en
Ciencia Mental y Espiritual

FENWICKE L. HOLMES

Traducción de
Marcela Allen Herrera

WISDOM COLLECTION
PUBLISHING HOUSE

Wisdom Collection LLC
McKinney, Texas/75070
www.wisdomcollection.com

La Ley de la Mente en Acción/ -- ed. revisada
ISBN: 978-1-63934-029-3

WISDOM
COLLECTION

La versión original de este libro fue publicada en el año 1919
por el destacado autor, Fenwicke L. Holmes.
En el desarrollo del movimiento del Nuevo Pensamiento,
tanto Fenwicke como su hermano, Ernest Holmes,
fueron figuras muy importantes.

Para otros títulos y obras del Nuevo Pensamiento,
visita nuestro sitio web:

www.wisdomcollection.com

CONTENIDOS

REALIZACIÓN DEL INSTITUTO METAFÍSICO

Dios es espíritu creativo, presente en todas partes, eternamente aquí. En él hay vida, inteligencia, bondad, santidad y verdad. Él no conoce la carencia. No sufre dolor. Es ilimitado en tiempo, espacio y circunstancias.

El individuo, hijo de Dios, es espíritu divino; comparte sus recursos, vive, se mueve y tiene su ser en Dios, como un mar infinito. "Hay un Dios y Padre de todos, que está sobre todos, a través de todos y en todos".

Por lo tanto, como su hijo, yo soy espíritu puro, libre de los males del cuerpo, la mente y el alma. En espíritu puro yo vivo, me muevo y tengo mi ser. Yo soy perfecto, así como mi Padre en el cielo es perfecto. El aliento que respiro es el aliento del Espíritu. El alimento que ingiero es el regalo del Espíritu y me llena con la fuerza del Espíritu. La conciencia del Espíritu Perfecto es mía, y lo sé y la siento fluir a través de todo mi ser, trayendo consigo fuerza, poder y paz perfecta. El Espíritu del Señor está sobre mí y siento su presencia a mi alrededor, en mí y a través de mí. Yo estoy libre de toda enfermedad, preocupación y miedo. El amor perfecto expulsa de mí todo el miedo y soy libre. Salud, esperanza, paz, vida, amor, verdad y abundancia son mías. Yo las reclamo de Dios. En el nombre de Cristo, las recibo ahora. Doy gracias por el regalo perfecto.

INTRODUCCIÓN

Existe una ley de sanación tan clara, que incluso un niño puede entenderla; tan fundamental, que ni la mente más hábil ha pensado nunca en todos los hechos y fenómenos de la vida que descansan sobre ella. El propósito de este libro es aclarar esta ley.

El mayor poder del mundo es el poder del pensamiento, porque es la Mente Creativa en acción. No existe nada que no haya existido primero en el pensamiento, desde el primer sol que brilló solo en la Mente del Creador, hasta el último vestido de muñeca confeccionado por una mano infantil. La ciencia respalda el hecho de que el primer movimiento en la naturaleza solo puede provenir de la aplicación de una fuerza inmaterial o Voluntad a las partículas etéricas primarias que, por cierto, se encuentran en un perfecto estado de equilibrio. Debe dejar a la metafísica, no solo la explicación de la Voluntad que mueve, sino también la sustancia que es movida. Entonces, esto es lo que este libro desea mostrar, con todo lo que implica.

Ya que un acto de la voluntad es un acto de la mente, nos ocupamos de la actividad de una mente creadora. Asimismo, ya que la mente actúa creativamente, hay una manera en que actúa. Por lo tanto, también debemos enseñar la manera. Es para enseñar esta manera que fue escrita la Biblia; que Jesús vivió y enseñó. Esta manera se conoce desde hace muchos siglos, pero siempre se ha enseñado en términos del entendimiento de la época en que vivió el maestro. El Gran Metafísico enseñó principalmente en parábolas y figuras retóricas orientales; pero él enseñó "el Camino" y sus seguidores fueron llamados la Gente del Camino. El "Camino" es la Ley y su comprensión hoy en día nos permite poner los principios de la ley en unas pocas declaraciones simples que todos pueden entender y, si se aprenden y se utilizan, permitirán a cualquiera controlar las condiciones de su cuerpo, su mente y su entorno. Cualquiera puede aprender a utilizarlos.

Tenemos claro que es natural utilizar el poder de la Mente y que la mayor felicidad resulta de su ejercicio. La Mente está constituida de tal manera que debe actuar, debe expresar lo que se siente ser. Toda la naturaleza señala el hecho de que donde cesa la acción, comienza la muerte o la negación. La mente es el espíritu mismo de la vida en la naturaleza y, por lo tanto, es eternamente activa. Sin embargo, es también reposo infinito, porque es aquello de lo cual surge toda actividad y por lo cual se sustenta. En este libro no nos ocupamos tanto de ese gran potencial de actividad, el cual llamamos ser, como de la ley por la cual actúa. No nos preocupa tanto la contemplación de la Vida, el Amor y la Sabiduría, que es Dios o el Ser, sino la forma en que se manifiesta el Espíritu. Deseamos saber cómo la vida se convierte en salud; cómo el amor se convierte en felicidad; y cómo la sabiduría se convierte en riqueza. Ya que todas estas son cualidades de la Mente, y en su estado puro no están diferenciadas en forma, nos damos cuenta de que cuando comienzan a pasar a la expresión individual, debe hacerlo mediante el proceso del pensamiento. Esa es la única forma en que la Mente puede actuar. Entonces, el proceso creativo es simplemente Mente en acción o la Mente pensando en su Vida, Amor y Sabiduría en forma. La mente en acción siempre es creativa, pero también es pensamiento. El pensamiento actúa en la mente para crear. La Mente primero produce el pensamiento y luego reacciona a él para convertirse en lo que ha pensado. Esta es toda la ley de la creación. La mente crea lo que piensa. Muchas formas salen de la Mente única, pero cada forma tiene un pensamiento correspondiente que la produce y la sostiene.

La mente en acción, por lo tanto, es también la ley. La llamamos la ley de causa y efecto. La Ley es el principio sobre el cual trabaja la mente. Toda causa primaria está en la mente y el efecto es simplemente la forma que ha tomado el pensamiento. El pensamiento es la primera causa en cualquier serie creada y la forma es el efecto.

El pensamiento actúa sobre la mente para producir cosas. Ya que las cosas están hechas de la mente, son simplemente pensamiento en forma, pero mantienen la forma y la realidad mientras sean sostenidas por el pensamiento. Por lo tanto, la ley puede ser definida como mente en acción, produciendo los muchos a partir de uno, por el poder del pensamiento.

Este libro está escrito para proporcionar una meditación diaria sobre el más alto de todos los temas: el control del individuo sobre su propio cuerpo, la felicidad, las circunstancias y el entorno por los pensamientos que piensa. El conocimiento y el uso del pensamiento y la ley de la mente en acción es el conocimiento del que habló Jesús cuando dijo: "Conocerán la verdad, y la verdad los hará libres". Que estas páginas liberen a muchos a la gloriosa sabiduría de la Mente en Acción.

Fenwicke L. Holmes.
30 de diciembre, 1918

MÉTODO DE LECTURA Y ESTUDIO DE "LA LEY DE LA MENTE EN ACCIÓN"

Este libro está escrito para enseñar la única ley de la mente —La Ley— la cual cualquiera puede entender y utilizar. Si se utiliza, dará libertad, alegría, salud, suministro y paz a quien la use. Esta es una gran afirmación, pero está respaldada por la Biblia, por el Gran Maestro y por la experiencia de miles de personas actualmente. Todo en este libro se basa en la Ley descrita en la Lección 2, y se pide al estudiante que lea cada capítulo y luego se pregunte a sí mismo: "¿Cómo ilustra esto la ley? ¿Es fiel a la ley?". Haz esto siempre y pronto conocerás la ley por ti mismo y podrás usarla y enseñarla a otros. Así, te convertirás en un maestro de la vida.

Este libro está diseñado, además, para estimular tu propio pensamiento e investigación. No se espera que el principiante capte el significado completo de todos los principios en una sola lectura. Es para meditar. Lee y piensa. Realiza un estudio de la vida, los libros, los periódicos, las personas y los eventos, con referencia a esta ley y encontrarás miles de ilustraciones de ella. Cuando puedas reducir todos los fenómenos de la vida a esta ley, te habrás convertido en un gran filósofo.

Si estás entrando en este tipo de estudio por primera vez, no permitas que la molestia por alguna declaración te desanime a seguir leyendo. Quizás no lo hayas entendido en la forma en que se pretendía. Quizás es una visión tan nueva que aún no quieres creerla. Sigue leyendo y estudiando y toma tus propias decisiones. Como dice Pablo: "Examina todas las cosas; mantén firme lo que es bueno". Y aunque nunca lo aceptes todo, puedes obtener ayuda y encontrar salud y paz.

Un cuidadoso estudio de estas lecciones revelará al estudiante que no están reunidas por un arreglo casual, sino que son consecutivas. Primero, tenemos el significado y la definición de la metafísica y la Ley. Luego, se dan los principios generales de su aplicación. Estos, a su vez, son seguidos por la filosofía de la metafísica. En cuarto lugar, se explica la razón de ciertas actitudes mentales y cómo se aplica la Ley; se trata de un estudio de causa y efecto. En quinto lugar, consideramos la ley en relación con el Absoluto y el Espíritu Personal. En sexto y último lugar, dedicamos nuestra atención a los métodos y tratamientos específicos. Todo esto debe ser estudiado sistemáticamente.

No se puede poner demasiado énfasis en la necesidad de un estudio sistemático. Una simple noción de metafísica nunca satisfará las demandas del día, ni los requisitos internos de la Ley. Tenemos un gran cuerpo de verdad. El mundo está ansioso por saber por qué creemos y enseñamos lo que hacemos. Ninguna ciencia en el mundo, ninguna filosofía es más completa o exhaustiva. Debemos aprenderlo tan completamente que podemos enseñarlo con la mayor simplicidad, como Jesús lo enseñó.

Por lo tanto, no saltes en tu estudio. Un buen principio de estudio es leer el libro completamente una vez para obtener una visión general de los principios, de modo que puedas saber exactamente hacia qué objetivo te diriges; posteriormente, limítate cada día a una lección y compréndela. Piensa más de lo que lees. El estudio magistral pone más entre las líneas que lo que tomas de ellas. Esto es para estimular tu propio pensamiento. Así te convertirás en un gran maestro de la vida.

La palabra "tratamiento", tal como se utiliza en este libro, es sinónimo de realización o percepción. Es inútil pelear con el lenguaje. Es así y tiene un propósito. La palabra tratamiento se ha popularizado lo suficiente como para indicar al público en general lo que el maestro del "absoluto" quiere decir por algún otro término favorito, y es seguro predecir que este término será respaldado por el uso futuro, así como el presente.

Con el tiempo, el estudiante llegará a ese punto de conciencia donde no necesitará el tratamiento formulado. Entonces formará su propia declaración. Finalmente, podrá "solamente pronunciar la palabra" y le será hecho como piensa. El metafísico avanzado cura completamente por la palabra; llega al punto en que realmente percibe la verdad que lo hace libre.

METAFÍSICA: QUÉ ES Y QUÉ HACE

La palabra metafísica, como indica su composición, denota algo por encima de lo físico; "meta" que significa "sobre" y "física" que se refiere a las formas de la materia. De modo que trabajar en el plano metafísico significa emplear leyes que trascienden los medios o agencias físicas. Por lo tanto, es ir más atrás de las cosas que vemos, las cuales llamamos "la manifestación", hasta encontrar la causa de la manifestación. Es la búsqueda de la causa última y de la ley por la cual el Espíritu crea un mundo y pone en manifestación los objetos materiales y la vida física.

Nuestro estudio de la metafísica aplicada está diseñado para aclarar estos hechos: En el principio solo hay Mente o Espíritu. En consecuencia, todo lo que se hace, debe ser hecho de la mente. La mente solo puede actuar mediante el pensamiento; entonces, es el pensamiento el que toma la sustancia llamada mente y la moldea en forma. Dios hace un mundo a partir de sí mismo. Como todo en el cosmos comienza en el pensamiento y se manifiesta en la forma, la creación es el proceso por el cual tiene lugar la actividad. Podemos llamarlo evolución o podemos llamarlo ley. Por ley, nos referimos al método que el Espíritu sigue para hacer las cosas. Esta es la ley de causa y efecto, ya sea en la creación de un planeta o de un ser humano; el pensamiento es la causa y la manifestación es el efecto. Incluso las llamadas leyes del universo físico son simplemente la actividad de esta ley en alguna forma.

Lo que hace

La metafísica, por lo tanto, nos enseña cómo podemos gobernar nuestros cuerpos, nuestro mundo y nuestra felicidad mediante los pensamientos que tenemos, porque declara que el individuo reproduce el método creativo y que, lo que es verdad en el macrocosmos o el universo, es verdad en el microcosmos o lo individual, que los pensamientos se convierten en cosas. También declara que al adquirir el conocimiento de la ley y trabajando en armonía con ella el individuo puede liberarse de todo tipo de limitaciones.

Nuestros estudios posteriores revelarán que la mente creativa en el individuo y la mente creativa en el universo no son dos, sino esencialmente Una. El valor de esta comprensión es que podemos utilizar las fuerzas creativas universales para asegurar el bien que deseamos, sin sentir que tenemos que crear. Nosotros no hacemos la ley, la usamos y hace nuestro trabajo por nosotros.

Por consiguiente, toda sanación es divina. "Se nos hace, así como queremos", no lo hacemos nosotros. La voluntad humana origina sus propias ideas, pero la Mente Divina crea. El sanador no es la fuente, sino el canal; no es la luz, sino la ventana; no es la electricidad, sino el cable. Es el maestro que guiará a la verdad hasta que el paciente aprenda el camino por sí mismo. Entonces, toda sanación metafísica se basa en el principio de que el cuerpo del individuo y sus asuntos son creados por la mente, la cual puede construir o destruir, y que esta mente es controlada por el pensamiento. Jesús fue el metafísico supremo, porque podía decir la palabra de autoridad a la mente tan positivamente, que cuando dijo: "Levántate y toma tu camilla", el paralítico hizo lo que se le ordenó.

Es evidente que Jesús usó una ley que está abierta al uso de todos. La constitución humana no ha cambiado, ni tampoco su naturaleza esencial, por eso hoy las personas están demostrando este poder. Lo considero como la mayor obra que hoy ocupa la atención de la humanidad —no la simple sanación— sino el avance del conocimiento de estas cosas en un mundo necesitado.

La Metafísica es una Ciencia

Porque es un conocimiento, o como decimos, una ciencia o filosofía, y se necesita una mente real para entenderla. La metafísica compromete a la mente. Debemos pensar y los resultados del pensamiento lógico son ricos y fructíferos. Con ellos volvemos a recorrer el camino de la historia y de la ciencia y la deducción lógica, hacia el reino de la causalidad original. Nos encontramos entrando en el campo donde todo es Espíritu, en el principio de las cosas. Vemos al Espíritu o la Mente Cósmica dando el paso inicial en la creación del universo. Estamos en un período anterior a la existencia de la sustancia o de la materia, de modo que sabemos que la Mente Todo-Originaria podría tener un solo modo de actividad: el del pensamiento.

Mediante el proceso del pensamiento, el Espíritu proyecta una sustancia tan universal como sí mismo, que llamamos éter[1]. Al actuar sobre el éter, la mente creadora trae a existencia los sistemas planetarios, la tierra y todas sus innumerables formas y vida.

Para comprobar esto, podemos revertir el proceso de nuestro pensamiento y comenzar con la ciencia. Tomamos la llamada materia y la analizamos en sus elementos constitutivos, a la molécula, luego al átomo, luego al eón, luego al electrón y finalmente al éter primario, que la ciencia declara como la fuente última de la materia. Ahora bien, la ciencia no puede decir de dónde vino esta sustancia última, ni cómo recibió su energía. Esa es la tarea de la metafísica, y la metafísica

---

[1] Nota de la traductora: El concepto de éter, también llamado quintaescencia, ya era admitido por los filósofos de la Antigüedad, quienes consideraban el éter como cierta "materia primaria". En la física clásica, se entendía por éter, un medio homogéneo que permeaba todo el espacio, proporcionando un medio a través del cual la luz podía viajar en el vacío. Esta concepción fue desechada en la teoría de la relatividad. Sin embargo, a la luz del conocimiento actual, la idea del éter o quintaesencia parece haber tenido un renacer en el concepto moderno de la 'Energía Oscura' como la sustancia responsable de la aceleración actual del universo. No obstante, la ciencia aun no puede explicar de dónde proviene ese éter o quintaesencia, esa energía oscura que es responsable de la aceleración actual del universo. Nikola Tesla escribió: "Todos los intentos por explicar el funcionamiento del universo sin reconocer la existencia de un éter portador de luz, son inútiles".

resuelve el problema directamente declarando que la energía es el pensamiento de la Mente Creadora.

La Unidad Subyacente

Así, cualquiera que sea el modo que abordemos nuestro tema, encontramos una unidad subyacente a todas las cosas, el éter (la quintaescencia) desde el punto de vista material; la mente, desde lo mental. Detrás de todas las cosas, entonces, está la Mente Divina o el Espíritu, a través de cuyo concepto el mundo surge a la existencia. Nos encontramos viviendo en un universo idealista; un universo que en su naturaleza esencial es puramente espiritual, por lo tanto, solo está sujeto al control del pensamiento. Esta es la unidad subyacente que relaciona todas las partes con el gran todo, el ser humano y la naturaleza con la Mente Divina que trajo todo a la existencia.

El gran logro de Moisés fue descubrir esta unidad subyacente, o más bien aprenderla del antiguo sacerdocio egipcio y revelarla al pueblo israelita. Es el mayor hecho o precepto del Antiguo Testamento, que llevó a Jesús a citar estas palabras cuando se le preguntó cuál era el mayor mandamiento: "Escucha, oh Israel, el Señor nuestro Dios, el Señor uno es".

El trabajo de la metafísica es mostrar que el individuo puede ponerse en armonía con esta Única Fuente Originaria y trabajar al unísono con el propósito creativo y así ser capaz de lograr todas las cosas.

REALIZACIÓN

Ahora he entrado en la consideración del tema más grande que jamás haya ocupado el intelecto humano, pues estoy haciendo nada menos que un estudio sobre el Camino de Dios con los seres humanos. Por lo tanto, yo reclamo de la Inteligencia Divina que crea y sostiene el universo, la capacidad mental y la intuición necesarias para percibir las grandes verdades de la metafísica.

Sostengo que solo la verdad me atraerá y que ningún error de falso juicio podrá entrar en mi mente para permanecer allí. Ningún prejuicio o pensamiento previo podrá influenciarme en contra de la razón en mi estudio del nuevo orden.

Me atrevo a ir hasta el final con la verdad, porque la verdad es Dios y Dios es todo. Hasta donde vea la luz, la seguiré y no pensaré que las tradiciones humanas tienen más valor que mis propias conclusiones lógicas.

Encomiendo mis caminos y mis pensamientos a Dios; confío en la iluminación divina que puede llegar a mi propia alma y me aventuro con fe en los nuevos caminos del entendimiento. No temeré mal alguno porque tú estás conmigo. Ahora yo reclamo la presencia cercana y querida del Amor y la Sabiduría Divinos.

Yo me regocijo en el corazón del mundo y en mi participación en las actividades de la Mente Creativa Divina.

Tú, oh Señor, estás conmigo siempre, hasta los confines de la tierra. Adoro y me inclino, me arrodillo ante el Señor, mi Dios.

Yo Soy uno con la Vida Infinita, el Amor y la Sabiduría, y doy gracias por la luz que ahora comienza a iluminar mi camino.

LA LEY QUE DEBEMOS CONOCER

Hay una ley suprema en este sistema de vida. A veces la llamamos "la ley de causa y efecto". A veces hablamos de ella como el método por el cual el espíritu pasa a la manifestación. Los psicólogos con frecuencia hablan de ella como la ley de la sugestión. Todos los maestros de metafísica dedican su tiempo a dar su interpretación de ella o a explicar alguna verdad relacionada con ella. Nuestra felicidad y nuestro éxito en la vida se miden por el grado en que, consciente o inconscientemente, somos obedientes a las exigencias de esta ley. Es la ley que no podemos quebrantar, pero que podemos destrozarnos al tratar de quebrantarla. Es la ley por la cual "como siembras, así cosecharás". A través de ella "te será hecho de acuerdo a tu fe". Explica por qué "como un hombre piensa en su corazón, así es él". Es la base de la "ley de las correspondencias". Es la actividad de la Mente Creadora —ni buena ni mala— mediante la cual creamos nuestro propio cielo y nuestro propio infierno. Es el secreto de toda tragedia y de toda comedia. Es la piedra angular de la verdad, y el que la conoce y la emplea sabiamente es el alma emancipada y un maestro en el camino. Por lo tanto, que el estudiante aprenda los siguientes principios que constituyen la ley para que, a través del conocimiento, pueda obtener el dominio del destino y controlar las condiciones de la vida y el destino; porque no es menor el poder que está en manos de quien aprende y emplea sabiamente esta ley. Todos deben usarla, porque vivimos por ella; pero qué pocos la usan sabiamente.

La Ley

1. El primer principio de esta ley es el de la Presencia Universal de la Inteligencia; que vivimos, nos movemos y tenemos nuestro ser en un vasto mar de vida, tanto visible como invisible; que esta vida inteligente no solo está a nuestro alrededor, sino que está en nosotros; aún más, no solo está alrededor y dentro de nosotros, sino que también es la sustancia de la que están compuestas todas las cosas (incluidos nuestros cuerpos). Esta declaración se apoya tanto por revelación, como en la Biblia; por la ciencia, como en la psicología o la química; y por la filosofía, como en nuestra lección sobre el Espíritu.

Antes de que existiera un universo visible, el cual llamamos "Naturaleza", tuvo que haber necesariamente un universo invisible, al que llamamos Espíritu o Poder. La forma ordenada en que organizó el universo visible que creó muestra que era y es una maravillosa inteligencia.

Ya que el Espíritu era (y es) todo, no tenía nada más que a sí mismo de lo cual hacer un mundo. Por lo tanto, tuvo que formar una sustancia para su propio cuerpo —el universo— a partir de sí mismo, o del Espíritu. Ya que el espíritu es inteligencia, la sustancia que produjo necesariamente debe compartir su naturaleza. Y toda vida debe manifestar la vida del Espíritu, ya que procede de él. Toda la ciencia está de acuerdo en que nunca se ha descubierto vida que no provenga de una vida antecedente, de modo que podemos retroceder de la vida de la Naturaleza a la vida de la que se deriva, o Dios de la Naturaleza. En consecuencia, la Naturaleza y la vida en la Naturaleza son una y la misma cosa, y vivimos en un universo que está literalmente vivo.

2. Vemos que esta Inteligencia Universal es también creativa. Es el poder que hace las cosas y es la inteligencia que moldea la sustancia original y la mantiene en forma. Al igual que en el individuo, la mente subjetiva o impersonal, día a día construye nuevas células de vida y se ocupa de la creciente vida del niño y de la renovadora vida de la madurez, así en la Naturaleza, la Mente Creativa está ocupada construyendo mansiones cada vez más majestuosas para su morada. Nuevos universos están siendo lanzando a través del vasto abismo del espacio; nuevas estrellas comienzan a brillar mientras emprenden su interminable viaje alrededor de algún sol distante; la tierra que pisamos crece diariamente mediante la adición de polvo cósmico y cambia diariamente su estructura interna; aparecen nuevas formas de vida o son alteradas las antiguas; las flores se abren a la vida para insuflar su belleza en el seno de la naturaleza; y nosotros vivimos en un mundo de vida, siempre renovado, siempre cambiante, siempre evolucionando hacia una expresión más elevada de la inagotable energía de la Mente Creativa.

La segunda parte de nuestra ley, entonces, llama la atención sobre el hecho de que no solo vivimos en un mundo de inteligencia, sino que esta inteligencia está constantemente creando. "He aquí, yo hago nuevas todas las cosas". En esto está la esperanza del individuo y su poder para actuar.

Esta vida es la vida del Espíritu Creativo, Inteligencia o Mente y, por lo tanto, percibimos que emerge en forma para disfrutar de su propio Poder-de-Vivir. Cuando pensamos, es el Espíritu pensando a través de nosotros; cuando pronunciamos una verdad, es el Espíritu poniendo en expresión un pensamiento de su ilimitado Poder-de-pensar; cuando respiramos, es el Espíritu el que nos respira.

3. Esta inteligencia creativa actúa sobre la huella de la impresión, el pensamiento o la imagen más fuerte hecha sobre ella.

Cuando el individuo emerge en la conciencia de este vasto mar de vida, como una ola que corre sobre el seno del océano, él se eleva lo suficientemente alto como para permitirle percibir que hay un océano. Así, el Espíritu cumple un propósito al convertirse en ser humano —al convertirse en lo particular— percibirse a sí mismo en su Totalidad. El individuo es el espíritu que sale de lo sin-forma a la forma, de lo intemporal a lo temporal, de lo ilimitado a ciertas limitaciones, sin embargo, como individuo, el espíritu nunca pierde su poder para recurrir a sus recursos como Espíritu. Debemos reconocer que todo el poder del universo está detrás de la mente del individuo cuando él piensa.

Entonces, también debemos reconocer que no puede haber una voluntad en la Mente Universal opuesta al individuo, porque si la hubiera, entonces no podría atraer de la mente creativa y del poder lo que quiere, excepto por casualidad. Por lo tanto, reconocemos que, en lo que a nosotros respecta, hay detrás de nosotros una Mente Creativa Universal que desea convertirse en lo que nosotros deseamos, es decir, lo que sea que pensamos en ella, y que no tiene propósitos propios opuestos a los nuestros. Como crea un mundo pensando un mundo, (porque la Mente solo puede actuar a través del pensamiento), así crea para el individuo mismo lo que sea que desee, actuando como Mente Creativa sobre su pensamiento. En este aspecto, esta Mente es puramente impersonal y neutral (ver Lección 7). No tiene propósitos propios en oposición a los nuestros. Es una actividad creativa, infinitamente susceptible, que responde a cada uno de nuestros pensamientos (Lección 5) y es el poder que trae a la existencia en forma todo lo que modelamos en el pensamiento.

Por lo tanto, percibimos que todo lo que pensamos debe causar una impresión mayor o menor en la Mente Creativa y que cuando utilizamos conscientemente nuestro conocimiento, hacemos una imagen de lo que deseamos; luego lo presentamos a la Gran Inteligencia Creativa, la cual comienza a actuar sobre nuestra sugestión para hacer aparecer nuestro bien en forma visible. En general, el propósito de este libro es mostrar las diversas fases de la actividad de esta ley, la Ley de la Actividad Creativa, mediante la cual la mente creativa pone en forma todo lo que le presentemos con suficiente fuerza en el pensamiento.

4. Pero hay otra característica de la ley que no debe pasarse por alto. Esto es lo que podemos llamar el lado personal de la actividad del Espíritu. Si bien, como ley, actúa de la manera que acabamos de describir y no actúa en contra de nuestros

LECCIÓN 2

propósitos, en lo que respecta a la voluntad individual, sin embargo, también actúa como una ley de tendencia. Tiende a la producción de manifestaciones superiores de sí misma en la forma y la expresión individual. Busca su propia autoexpresión, ya que no puede haber ningún otro motivo de creación. Su naturaleza es vida, amor y sabiduría. Esto es lo que busca manifestar. Por lo tanto, se encuentra detrás del individuo como la fuente de su vida, amor y sabiduría, y está listo para "enseñarnos todas las cosas y guiarnos en el camino de la verdad". Entonces, no solo crea de acuerdo con el pensamiento que le imprimimos, como ley o Mente impersonal, sino que se convierte en el director del pensamiento y la vida del individuo, cada vez que recurrimos a ella para obtener orientación y dirección en nuestros asuntos. (Véanse las Lecciones 28 a 31.)

Esto está de acuerdo con los tres principios que se acaban de describir, ya que, como Sabiduría Infinita, toma la impresión de nuestro deseo por sabiduría y lo lleva a expresión, al igual que la vida y la forma. Así, percibimos esta Inteligencia como la fuente de las inspiraciones e intuiciones de las personas. Cuando nos dirigimos a ella en busca de orientación, se convierte en nuestra maestra y guía. Cuando nos dirigimos a ella en busca de amor, se convierte en nuestra amada. El mayor logro de nuestra propia inteligencia más elevada se encuentra en armonizarnos con esta gran vida, amor y sabiduría, de modo que la encontremos en nosotros como un manantial eterno, el agua de vida brotando eternamente desde lo más profundo de nuestro ser. "Quien crea en este espíritu de vida, de lo profundo de su ser brotarán manantiales de agua viva".

23

Realiza un estudio de todos los hechos que conoces en relación con esta gran ley. Repítelo en tus propias palabras. Aprende de alguna forma como ésta:

1. Yo vivo en un universo de Inteligencia en el que todo está vivo y es infinitamente receptivo al pensamiento, ya que toma su forma de la sustancia de la Mente a través del proceso del pensamiento.

2. Esta inteligencia es el Factor Creativo en toda la naturaleza y en la modelación de todo pensamiento en forma.

3. Crea según su propio pensamiento y según la impresión o imagen de pensamiento más fuerte de la mente individual.

4. Es la fuente de mi vida y de mi entendimiento, e imprime su naturaleza y sabiduría en mí cuando se lo permito, a través de mis intuiciones. Por lo tanto, yo controlo mi vida y mis condiciones por los pensamientos que pienso, ya que la Mente Universal actúa creativamente en cada uno de mis pensamientos. A través de mi poder de pensamiento, yo soy dueño de mi destino.

REALIZACIÓN

Medita en la ley anterior. Piensa en cómo tu vida ha sido controlada, ya sea por tu propio pensamiento o por las sugestiones que se han hecho en tu mente, conscientemente o inconscientemente. Cuando eras niño tomaste tu pensamiento de tu familia. Tu mundo fue lo que tú hiciste, pero fue una aceptación inconsciente del pensamiento y las costumbres de tu familia. Después de un tiempo, comenzaste a pensar de manera independiente y tu mundo cambió mucho para ti. Comenzaste a controlar conscientemente las condiciones de tu vida. A medida que tu entendimiento aumentó, pensaste cada vez más independientemente de tus compañeros, por lo tanto, tu vida se volvió muy diferente a la de ellos. ¿Continuaste aceptando las sugestiones de tu entorno o comenzaste a pensar de manera independiente? Ya sea consciente o inconscientemente, ahora estás condicionando tu vida.

Ahora tomaré el control consciente de mi vida. Pensaré solo las cosas que quiero pensar. Controlaré lo que venga a mi vida, controlando mi pensamiento. Diariamente moldearé mis pensamientos en una forma más fina para que la Mente Creativa en mí y alrededor de mí, pueda producir un mundo de forma más perfecta para mí.

Pensaré pensamientos de verdad, para que pueda ser guiado por la Sabiduría Suprema. Pensaré pensamientos de fe para poder tener la paz de Dios que sobrepasa todo entendimiento. Ahora pienso así.

Estoy lleno del espíritu de amor. Estoy en armonía con la Mente Divina. Estoy abierto y receptivo a los sentimientos más elevados. Ahora me contacto conscientemente con la Mente del Amor y la Sabiduría. Espero en el Señor para que él renueve mis fuerzas. Mi mente está en ti y yo estoy en perfecta paz con todas las personas y conmigo mismo. Ningún mal puede caer sobre mí y los ángeles del amor me rodean.

Consciente de las cualidades divinas de mi alma, hoy sigo mi camino en la fuerza del Infinito. Camino sobre la tierra como amo y no como esclavo. Yo guardo la ley y la ley me guarda a mí. Yo obedezco la ley y la ley me obedece a mí.

Entrego mi corazón a Dios con la dicha divina de la autoentrega y siento la mano de Dios que me ayuda.

Yo soy feliz, soy fuerte, estoy lleno de vida y amor hoy.

CÓMO UTILIZAR LA LEY - EL SILENCIO

Los mejores resultados se obtienen utilizando la ley hasta donde la conocemos y al mismo tiempo buscando más luz. El estudiante que aborda este tema por primera vez todavía tiene poco en lo que trabajar porque no ha probado la ley mediante la ciencia y la experiencia. Pero se ha dicho lo suficiente para darnos cuenta de que el objetivo de un tratamiento es impresionar nuestro deseo en la ley creativa con la fuerza suficiente para registrarse en la mente creativa. Si la ley crea para nosotros de acuerdo con los pensamientos que tenemos en la Mente, entonces, lo que debemos hacer es elevar nuestra conciencia al máximo nivel de expectativa para que se puedan obtener los mejores resultados posibles. En este sentido, debemos comprender que lo primero que debemos hacer en un tratamiento es impresionar nuestra propia mente con el sentimiento de que vamos a actuar de acuerdo con la ley y que va actuar para nosotros.

1. La atmósfera adecuada para un tratamiento es de una elevada Fe, de modo que haremos bien en elevarnos al nivel adecuado de expectativa mediante alguna lectura preliminar. Toma la Biblia y lee las preciosas promesas que contiene. "Estaré con ustedes todos los días, hasta el fin del mundo". "Él es el que perdona todas tus iniquidades, el que sana todas tus enfermedades". "Los que confían en el Señor renovarán sus fuerzas, levantarán el vuelo como águilas; correrán y no se cansarán; caminarán y no se fatigarán". "Hágase en ustedes según su fe". "Pidan y recibirán; busquen y hallarán; llamen y se les abrirá". "Cuando oren, crean que ya han recibido, y recibirán".

Repasa los pasajes que te ayuden a tener una fuerte fe. Aprende algunos de los mejores. Uno debería memorizar algo diariamente: un verso, una estrofa de poesía, una declaración de verdad. Todos deberían conocer el Salmo veintitrés y el Salmo noventa y uno, y poder repetirlo en los momentos que sea necesario para fortalecer la confianza. También será de gran ayuda leer, durante algunos minutos o más, algún libro útil de la verdad. El estudiante bien puede leer "La Mente Creativa" o "Ser y Convertirse". El propósito de este libro es proporcionar instrucción e inspiración. Después de leer la lección del día, sentirás más profundamente la verdad.

2. Después de haberse preparado en la fe y el conocimiento, el curso de tu pensamiento bien podría ir a lo largo de la línea de la ley, algo así como esto:

"Sé que estoy rodeado por las fuerzas más finas del Espíritu". (Lecciones 4 y 6).

"Sé que yo mismo soy un centro de actividad consciente en este gran océano de Mente Divina". (Lecciones 5 y 6.)

"Sé que mi palabra se ha convertido en palabra de verdad y en un modelo de creación para la Mente Creativa para el bien que deseo". (Lecciones 12 y 16.)

Continúa meditando mentalmente en estas líneas siempre que sientas el interés o la necesidad. Si es necesario, supera cualquier sentimiento de miedo o incertidumbre que pueda surgir.

3. Libérate de cualquier sensación de pecado o culpa. Si sientes que has hecho algo malo de alguna manera, trata de corregirlo para que puedas tener una conciencia clara. "Por tanto, si estás presentando tu ofrenda en el altar, y allí recuerdas que tu hermano tiene algo contra ti (por haberlo ofendido), deja tu ofrenda delante del altar. Ve primero y reconcíliate con tu hermano; luego vuelve y presenta tu ofrenda". Estas son las palabras del maestro metafísico y revelan la necesidad de no tener ningún pensamiento opuesto, contrario al de la fe pura. Si es necesario, perdónate por cualquier cosa que hayas hecho y que sientas que está mal. El hijo del hombre tiene poder en la tierra para perdonar el pecado. Tú eres un hijo de hombre. Si tienes miedo, deshazte de ello de la misma manera. Échalo fuera. No hay nada que temer. Saca todas las malas hierbas del pensamiento equivocado. Declara que el mal o el pensamiento del mal no tienen influencia sobre ti.

4. Ahora, siente tan profundamente como puedas que todo está bien contigo y con el mundo. Siente lo bueno que es conocer esta verdad liberadora; saber que tú eres un hijo de Dios; saber que "todo el poder me es dado en el cielo y en la tierra". Saber que "harás obras aún mayores que éstas, porque yo voy a mi Padre". Luego repite: "Yo Soy espíritu puro,

viviendo en un mundo de espíritu y guardado por el Gran Espíritu de Vida". "Dios es espíritu, y los que lo adoran deben adorarlo en espíritu y en verdad". Yo ahora he entrado en espíritu y en verdad a los lugares más altos y finos, donde estoy en contacto con todo lo que *es*. Yo puedo ver y conocer la verdad, y sentirla en este momento. Como hijo del Dios vivo, hago mi petición a la Ley. Dejo que este bien (mencionándolo) venga a mí.

5. Di claramente y con profundo sentimiento lo que quieres de la ley. Tú no le estás dictando, pero si no sabes lo que quieres, la ley no tiene nada en qué trabajar. Al mismo tiempo, lo que buscas es la idea de la cosa, por lo que puedes estar seguro de que la Gran Sabiduría te dará solo aquello que será para tu mayor bien, pero será lo que deseas y estará en la línea por la que mantenías la actitud de fe.

6. Espera mucho y recibirás mucho. Sé fuerte en tu fe, tan fuerte que sientas en tu corazón que ahora se te hace, así como piensas, y puedes dar gracias por ello. "Presenta tu petición a Dios con acción de gracias". "En todo, da gracias". Sé agradecido.

7. Para aquellos que desean desarrollar una percepción espiritual, que es la base del poder curativo más elevado, es deseable detenerse en el pensamiento del Espíritu como una Presencia Viva, respirando en y a través de nosotros, vitalmente interesado en todos nuestros asuntos e identificándose con todos nuestros más altos propósitos y aspiraciones. Entonces, los deseos que tenemos son reconocidos como los del Espíritu buscando su propia autoexpresión. El amor que tenemos es el amor del Espíritu en

nosotros, y la vida no es más que la manifestación individual de esa vida más grande que compartimos.

El verdadero "Silencio" es la tranquila realización del Espíritu con tal intensidad de sentimiento que nos fundimos en el Gran Todo y somos uno con la Mente Infinita. En esta conciencia podemos asegurar los resultados más elevados simplemente estando quietos y sabiendo que el Padre nos da todas las cosas, incluso antes de pedirle. "Antes que me llamen, yo les responderé". "El Espíritu sabe qué cosas necesitas antes de que pidas".

El propósito final de estas lecciones es nada menos que elevar la conciencia del buscador de la verdad hasta el punto en que la demostración se hace simplemente sabiendo en su corazón que el bien que busca es suyo ahora simplemente porque lo ha pensado. Esa es la forma en que la Mente Creativa hace las cosas, y al final, esa es la forma en que nosotros debemos conseguirlas. Debemos saber que nuestros pensamientos se manifiestan como cosas. Esto nos liberará de todo sentido de lucha. Esta es la paz final del alma y el gran objetivo de la vida individual: disfrutar de la existencia autoconsciente y, sin embargo, descansar en la calma infinita y eterna de la Mente Divina.

Edward Roland Sill, dice:

"No está en la búsqueda,

no está en el esfuerzo interminable

donde se encuentra lo que buscas.

Quédate quieto y escucha:

Quédate quieto y bebe el silencio de todo alrededor.

No por tu llanto,

No por tus ruidosas súplicas,

se acercará la paz;
Descansa con las palmas plegadas;
Descansa con los párpados caídos
- ¡He aquí la paz! La paz está aquí"

REALIZACIÓN

Me levanto al trabajo y a la vida del nuevo día con fuerza y coraje. Salgo con entusiasmo a mi tarea. Voy con gusto, alegremente, porque en mi corazón Dios empuja para mantenerme plenamente abastecido de todo lo que necesito.

Hoy no perderé el contacto consciente con la vida del Espíritu en mí. Todo el día sabré que "debajo de mí está el apoyo del Todopoderoso, debajo están los brazos eternos". Lo que venga a mí no puede encontrarme desprevenido. Si necesito sabiduría, la tengo. Si necesito valor, lo poseo. Si necesito fuerza, está dentro. Mi vida interior es una con Dios. "De mi interior fluyen ríos de agua viva". "El espíritu de verdad me enseñará todas las cosas y me guiará en el camino de la verdad".

Yo estoy sostenido en una seguridad infinita. Tengo el maravilloso equilibrio y la fuerza de alguien que es consciente de su fuente interna de fortaleza. Los que me vean hoy se asombrarán de mi fuerza y de mi poder magnético, pero yo sabré que es porque la fuerza del Infinito está en mí.

Que así sea.

ESPÍRITU

El espíritu es el poder que hace las cosas. Al igual que el poder de la electricidad o la afinidad que mantiene unidos a los átomos, o la vida en la flor, no se puede ver, por la sencilla razón de que el Espíritu es uno y el mismo que estos. Cuando vemos cosas, las percibimos como la forma en que el Espíritu se ha moldeado a sí mismo. Detrás de ellas se encuentra el poder que las hizo y sostiene su existencia. El espíritu, entonces, no es una cosa o una persona, sino un poder. Sin embargo, su poder es el poder de la Mente, porque debe existir antes de manifestarse en un universo material. Por lo tanto, su poder es el del pensamiento y, entonces, podemos decir que el Espíritu es el poder que sabe, la mente que piensa, o la inteligencia que crea. Lo que llamamos el principio de Vida en la planta o el animal, que hace que exista y crezca, es una inteligencia divina y universal. Es el Espíritu o la Mente en acción.

Todo el mundo está vivo
y palpita con un pulso divino;

Una mente sintiente lo sostiene,
El alma de todo es Dios.
Toda la naturaleza parece esforzarse:
La savia que se agita en la vid,
el germen que vive en el grano,
el botón que brota de la varilla.

Unidad del Espíritu

Vivimos en un universo viviente que vibra con la actividad inteligente del Espíritu Creativo. Porque la inteligencia en la roca, la planta o el ser humano tiene la misma fuente y en la base son uno. De lo contrario, viviríamos en un universo de muchos poderes e inteligencias que no serían capaces de entenderse entre sí y que, por lo tanto, estarían en constante desacuerdo. Pero la ciencia revela el hecho de una armonía universal y el ajuste de las partes en perfecto orden. El hecho de que el individuo pueda entender este orden demuestra que existe una Mente —y sólo una— que es como la suya propia.

Naturaleza del Espíritu

Esta mente universal o inteligencia también debe ser descrita como amor, porque todas sus leyes son benéficas y bondadosamente dispuestas hacia el ser humano. El fuego benéficamente nos entibia y cocina nuestra comida; el sol gustosamente nos da su luz y vida; la electricidad es nuestra amiga y se esfuerza por nosotros para producir luz, calor y energía. Solo cuando revertimos el orden natural, que es el de la Mente Divina o el Espíritu, el fuego destruye nuestra vivienda, el sol golpea con su calor y la electricidad nos destroza. De modo que el poder del universo, que es Espíritu, también es bondadoso: "Él hace salir su sol sobre malos y buenos, y hace llover sobre justos e injustos". Él es el Buen Pastor, el consejero admirable, el Padre eterno.

Espíritu como Sabiduría

Como inteligencia divina, el Espíritu es también la sabiduría que dirige nuestros asuntos y nos dirige hacia pastos verdes y aguas tranquilas cuando buscamos su guía. Por lo tanto, el espíritu es la vida que nos vive, el amor que nos cuida y la sabiduría que nos guía. El gran corazón del universo vibra a través del plan cósmico y nosotros somos sostenidos por un "amor que no nos dejará ir."

REALIZACIÓN

Hoy miro a mi mundo como mi amigo: Las estrellas son los ojos de Dios que me miran, los vientos y los arroyos son la voz de Dios que me habla, las fuerzas de la naturaleza son la inteligencia que me asiste.

Hoy no temeré porque camino en un mundo que entiendo, en presencia del Espíritu que me entiende. Yo recurro a las energías ocultas y al poder del Espíritu. Estoy en armonía con todo. (Ahora repite el Salmo 23).

Seguramente soy dirigido por todo el amor y la sabiduría en los caminos de la paz. "Cuando pases por las aguas, yo estaré contigo; y si por los ríos, no te cubrirán; cuando pases por el fuego, no te quemarás, ni la llama arderá en ti".

No hay fuerzas opuestas a mí porque reconozco en ellas toda la actividad del Espíritu, amándome, guiándome, dándome una nueva vida, hoy. "Dios está en su cielo —y su creación— y todo está bien en mi mundo".

MENTE CREATIVA EN LO INDIVIDUAL

Ya hemos visto que existe una inteligencia creativa universalmente presente, y el hecho de que podamos reconocerla demuestra que la inteligencia que la conoce en nosotros debe ser del mismo tipo. En este capítulo y en el siguiente, investigaremos cuál es la naturaleza de la inteligencia que observamos y la relación de la mente del individuo con la mente cósmica.

El estudio moderno de la psicología experimental ha revelado mucho que es de ayuda para el estudiante de metafísica en lo que respecta a la naturaleza de la mente individual y por analogía, al menos, de la mente universal. Encontramos que el ser humano posee una mente con dos formas distintas de actuar. Las dos fases de actividad se denominan objetiva y subjetiva[2]. Un estudio minucioso revela

---

[2] Utilizamos los términos mente subjetiva y objetiva en beneficio de la comparación, y la palabra subconsciente como sinónimo de subjetiva. Aunque esto no es del todo científico, responde mejor al propósito del trabajo que estamos haciendo aquí.

la unidad esencial de estas actividades y su interacción, de tal manera que se demuestra que es una mente unitaria la que actúa en ambos casos. La mente objetiva es aquella que el individuo desarrolla para permitirle contactarse con su entorno y mantenerse en un mundo de forma y sensación. El bebé nace en el mundo puramente subjetivo. Probablemente no utilice sus facultades objetivas hasta que entre en contacto con un entorno objetivo. Pero en el momento de su nacimiento, sus facultades objetivas comienzan a desarrollarse. Siente el frío porque el sistema nervioso sensorial, que es el agente de la mente objetiva, lleva esa impresión a su cerebro. Este sistema sensorial está diseñado para permitir que la mente entre en contacto con su entorno y proteger al cuerpo a través de las sensaciones y advertencias que registra. A medida que pasa el tiempo, el niño desarrolla un conjunto completo de actividades objetivas, en gran medida por imitación de los movimientos, la voz y los modales de sus mayores. En los primeros años, el entorno hace al niño; en años posteriores, él lo hace.

La mente objetiva con el sistema nervioso sensorial bajo su control, gobierna la mayoría de las actividades de los músculos voluntarios. Si levanto la mano para tocar las teclas del piano, lo hago por un acto de la voluntad de la mente objetiva. Sin embargo, con el tiempo, a través de actos repetidos, se forma un hábito de acción, y luego el movimiento se realiza inconscientemente o bajo la dirección de la mente subconsciente.

La mente subjetiva o subconsciente, por lo tanto, controla las funciones involuntarias del cuerpo, como los latidos del corazón, la contracción y expansión de los pulmones y la digestión de los alimentos. Nosotros no tenemos que pensar conscientemente sobre estas cosas; se hacen inconscientemente. El hecho importante sobre la mente subconsciente es este: es la constructora del cuerpo, o la mente creativa. Bajo su dirección, constantemente nacen nuevas células vitales para tomar el lugar de las que han terminado su trabajo y están pereciendo. Cada minuto nacen nuevas células cardíacas, nuevas células pulmonares, nuevos tejidos nerviosos. Como cada acción consume energía y produce desechos en el sistema, la mente subconsciente debe ocuparse de eliminar los desechos a través de la sangre, los poros, los riñones, los pulmones y el sistema de desechos y, al mismo tiempo, construir nuevas células vitales para ocupar el lugar de las antiguas. Nuestros dedos, por ejemplo, pronto se desgastarían si estuvieran hechos de acero, pero al estar hechos de carne viva, nunca se desgastan porque son reparados diariamente por el constructor del cuerpo. Así, una maravillosa actividad está constantemente ocurriendo dentro de nosotros, dormidos o despiertos, de la cual somos completamente inconscientes; y un millón de sirvientes del sistema se apresuran cada uno a su lugar designado para hacer su tarea como trabajador.

Por lo tanto, es literalmente cierto que "cada día es un nuevo comienzo, cada mañana el mundo es nuevo", porque nos levantamos con un cuerpo renovado que se reconstruye con tanta frecuencia que, sin duda, cada órgano y tejido nace de nuevo en el transcurso de un año o menos. Si bien el sanador nunca es consciente de esta actividad y no se le ocurriría tratar de dirigirla, así como el presidente de una compañía de ferrocarril no trataría de dirigir a los obreros de mantenimiento de vías, no obstante, es porque se lleva a cabo esta actividad, que puede ser "demostrado" un nuevo cuerpo; porque bajo el estímulo de la fe y la comprensión se hace una impresión definitiva de salud en cada célula nueva a medida que nace y, por lo tanto, el órgano se hace completo. Todos estos agentes recreativos son muy susceptibles a las actitudes mentales y reflejan nuestro pensamiento para la salud o la enfermedad. Por ejemplo, se sabe que la sangre contiene ciertos agentes para la destrucción de gérmenes peligrosos (un germen es un pensamiento de enfermedad manifestado). Estos agentes comúnmente se acercan al extraño, lo rodean, literalmente lo cubren con salsa para hacerlo apetecible y proceden a comérselo. Pero, si el individuo está mentalmente deprimido y negativo, el pequeño guardián del cuerpo refleja su actitud, no cubre el germen con salsa y se niega a comérselo. Entonces surgen problemas. Este hecho científico muestra que la Biblia es correcta cuando dice: "Como un hombre piensa en su corazón, así es él" en su cuerpo.

Esta Mente es Impersonal y Controlada por las Impresiones

El hecho de que las actividades creativas reflejen nuestras actitudes mentales, como vemos tan claramente en estos ejemplos, demuestra otro hecho interesante: que la mente subconsciente y su funcionamiento están completamente bajo el control de las impresiones que se le hacen. Es decir, actúa como agente creativo, naturalmente a lo largo de la línea de la salud y la reconstrucción que le es propia, pero, por otra parte, no tiene ningún propósito propio aparte de la mente objetiva; y si la mente objetiva le da impresiones de enfermedad, imperfección, miedo, preocupación, dolor, etc., comienza de inmediato a crear en consecuencia. Por lo tanto, vemos que el subconsciente, o la mente creativa, es completamente impersonal; no tiene propósitos propios. Además, está sujeta al control de la sugestión y, finalmente, es completamente deductiva.

Deductiva

Por deductiva, queremos decir que toma cualquier sugestión dada y luego elabora la idea completa, sin ninguna ayuda adicional de la mente objetiva. Muchas personas han tenido la experiencia de aprender una regla o principio en matemáticas, pero no ha podido resolver un problema con ello. Sin embargo, al irse a dormir, han entregado el problema a la mente subconsciente y han despertado durante la noche con todo el problema resuelto. La mente que no duerme, con un poder deductivo perfecto, lo ha resuelto todo por ellos.

El valor de este hecho para el sanador es que él sabe que, cuando da un tratamiento, no necesita permanecer despierto por las noches sosteniendo el pensamiento. Todo lo que tiene que hacer es dar la idea o concepto de salud perfecta a la mente, la cual comenzará de inmediato a llevarla a cabo en una perfecta expresión en el cuerpo. (Ver Lección 16).

El estudiante debe retener estos hechos sobre su mente: es creativa, impersonal y deductiva. En la Lección 29 encontrarás también cómo actúa intuitivamente, al ponerse en contacto con la mente universal y apropiándose de sus recursos. En la Lección 14 puedes estudiarla como asiento de las emociones. Es la mente que nunca olvida; es también clarividente y clariaudiente; y puede transmitir y recibir mensajes telepáticos, un hecho ahora reconocido científicamente.

Finalmente, es a través de esta mente que la persona se acerca a lo universal; porque, como veremos en el capítulo siguiente, esta mente y la universal comparten una naturaleza común, ya que ambas son creativas, impersonales y deductivas. Esta mente realiza su trabajo, no como una parte separada, sino como una actividad individual de lo universal. Es a través de ella que lo universal puede actuar en el plano de lo particular. Es a través de la expansión de la conciencia del individuo de las cualidades internas de esta mente, que es capaz por fin de contactar con lo universal y, a través de ella, puede esperar finalmente conocer la verdad. El ser humano no puede bajar a Dios a su nivel, pero a través de la mente interna él puede esperar elevarse hasta el punto en que pueda comprender más universalmente el Infinito.

Si el estudiante tiene esto en cuenta, que su trabajo es la extensión de su propia conciencia para captar el Infinito, será impulsado a realizar el esfuerzo más elevado y se sentirá lleno de las más altas inspiraciones.

Tampoco debemos dejar de recordar que no existe una separación real entre lo que llamamos mente objetiva y subjetiva del individuo. Entonces percibiremos que lo objetivo es la expresión externa del ser real, que hemos estado estudiando bajo el término "subconsciente". Por lo tanto, cuando percibimos que el ser real es la Mente del Infinito encontrando expresión concreta en nosotros, así como la ola encuentra expresión concreta en el seno del océano, estamos preparados para sentir la unidad esencial de todo ser y entrar en la realización del Maestro: "Yo digo: ustedes son dioses".

En esta percepción, el individuo puede elevarse a alturas nunca antes alcanzadas porque es la proclamación de emancipación de su alma. Quien lo comprende, ya no está atado por credos, confesiones, precedentes o tradiciones. Es libre con una alegre libertad. Su vida es completa, porque él es uno con Toda la Vida. Su sabiduría es suprema, porque el Espíritu es su maestro. Liberado de todas las cadenas, su alma puede elevarse a alturas imperiales y sublimes hasta que se encuentre con los hijos de Dios a las puertas de la Ciudad Celestial.

REALIZACIÓN

Yo me elevo a la conciencia de la naturaleza divina de mi propia alma. Hoy soy consciente de mi unión con el Dios y Padre de todos nosotros, que está sobre todos, a través de todos y en todos nosotros.

En esta alta conciencia, me atrevo a reclamar lo mejor de todo lo que hay. No hago demandas ignorantes de poder porque "Yo sé en quién he creído". Yo conozco y me atrevo a afirmar los magníficos poderes de mi humanidad. Y si aún no he sacado todos mis poderes latentes, aun así, reclamaré su posesión y seguiré hacia la marca del alto llamado de Dios en mi propia alma.

Yo soy uno con la Vida, soy uno con la Sabiduría, soy uno con el Amor. Todo lo que el Padre tiene es mío; y me glorío en la independencia de mi alma de todo, mientras descanso en la conciencia de que no hay separación entre el Padre y yo. Si he sentido tal separación, ahora la expulso de mí para siempre y continúo en la dicha de mi eterna unión con el Todopoderoso, mi Señor y mi Dios. Yo estoy agradecido por esta percepción de mi propia alma.

MENTE CREATIVA EN LO UNIVERSAL

Las Lecciones 2 y 4 ya han preparado el camino para la afirmación de que podemos descubrir en el universo la presencia de una mente que corresponde exactamente a la del individuo, lo cual acabamos de estudiar. La presencia de un orden universal en la naturaleza revela una inteligencia como la nuestra, ya que nada menos que la presencia de una inteligencia creativa y sustentadora puede explicar tal milagro de precisión de las partes interrelacionadas. Esta inteligencia está en la raíz de todas las cosas y su método de actividad es lo que llamamos la ley de la naturaleza. En el cosmos trabaja con una precisión tan absoluta que la vida misma del ser humano depende de ella, como en la ley de la atracción de la gravitación y la gravedad, el movimiento centrífugo y centrípeto, o en la ley de la electricidad, o el principio del crecimiento.

El hecho de que el individuo pueda dominar su universo y su entorno demuestra que en su corazón hay una inteligencia como la suya, o no podría controlarlo. Además, se sabe que la mente o el pensamiento del individuo pueden actuar para mover objetos ponderables como, por ejemplo, encontraremos en la Lección 8. Es interesante notar que se sabe que otros objetos, además de los metales, son movidos por el pensamiento. Sin mencionar los milagros de Jesús; podemos llamar la atención sobre los registros de la Sociedad de Investigación Psíquica. El hecho de que un metal pueda ser controlado por el pensamiento y magnetizado por él, demuestra que hay una inteligencia correspondiente inherente en él.

El estudio de la botánica es muy fructífero para ilustrar esta inteligencia cósmica o atómica. La biología y la investigación de la vida celular, a la cual ya nos hemos referido, apuntan a conclusiones definitivas. Uno puede leer una interesante historia sobre la vida del monera, la forma más inferior de vida independiente, percibiendo su actividad intencional al acercarse a una planta unicelular y decidir si puede o no tragarla. Si encuentra que la célula es demasiado grande, se aleja hacia otra. Infla su cuerpo con gas para subir en el agua o lo desinfla para hundirse nuevamente. Muchas otras maravillas son registradas por la ciencia. La vida social organizada de la abeja es ilustrativa. La historia de Maeterlinck es un romance de la Mente Divina con el "Espíritu de la colmena", que muestra una actividad intencional, no por el bien de la vida individual de la abeja, sino por el bien de la vida colectiva y por la preservación del enjambre.

No hace falta mencionar el instinto del castor con su habilidad de ingeniería mecánica, ni el perro o el caballo con su instinto superior. La ley en la mecánica y el instinto en los animales revelan la Mente Cósmica universal en acción.

La Mente Universal - Subconsciente

Ya hemos visto que el universo material es la manifestación externa del poder interno del espíritu. El espíritu, dijimos, es el Poder-de-Crear, es el poder que hace las cosas, pero trabaja como la ley del crecimiento desde el interior. Esto muestra que la mente universal es subjetiva (o subconsciente). Que es subjetiva se demuestra por el hecho de que es una unidad, como hemos visto en la Lección 4; y ya que es una unidad, actúa independientemente de la forma o la individualidad; y como actúa independientemente de la volición individual, no puede tener una mente objetiva o actividad personal en el sentido común. (Ver Lección 28.)

También percibimos que la mente cósmica es subjetiva ya que es creativa. Finalmente, discernimos que sus actividades son deductivas por esta razón: el razonamiento inductivo se basa en el estudio de diversos hechos y fenómenos de la vida de los cuales se induce una ley o principio, como, por ejemplo, Newton descubre que una manzana que cae, un sol y una luna todos actúan de una manera fija similar y de ello induce la ley de atracción de la gravitación. Ahora bien, la mente creativa universal no puede actuar por inducción, ya que al comienzo de la serie creativa no tiene hechos o fenómenos en los que basar sus inducciones. Las formas aún no han sido llevadas a manifestación. Al mismo tiempo, puede actuar por deducción, ya que la deducción es el método por el cual nos movemos en la argumentación de un principio fijo o ley a variadas conclusiones. El espíritu mismo es un principio fijo o ley, y así, crea la forma y la manifestación por deducciones lógicas de su propio principio. Crea una rosa en el pensamiento, porque cuando comienza la serie creativa no tiene una rosa para usar como patrón. Piensa en una estrella en forma y ésta comienza a brillar, o en un pájaro y comienza a cantar. Como la forma surge del pensamiento de la mente creativa, percibimos que esta mente es deductiva e impersonal, así como también creativa.

En un libro de lecciones cortas como éste, es necesario cubrir estos puntos sin una gran cantidad de argumentos, pero aquí se dice lo suficiente como para dirigir al estudiante en la dirección correcta. El estudio de los otros capítulos puede aclarar los principios anteriores, pero el objetivo de esta lección es mostrarle que tanto su propia mente subconsciente como la del universo son creativas, impersonales y deductivas, es decir, cada una actúa con una perfecta inteligencia creativa para producir en forma y manifestación cualquier impresión que se le haga.

La mente objetiva surge o se origina en lo subjetivo, se desarrolla en el individuo para permitirle entrar en contacto con su entorno y controlarlo; y luego lo subjetivo gira en torno a actuar como su sirviente para llevar a cabo sus órdenes y manifestar sus deseos. Cuando el estudiante ha adquirido el conocimiento de estos hechos, se ha convertido en maestro de los primeros principios de la metafísica y con optimismo puede seguir adelante con estas armas en su mano para dominar su universo. Estos son los resultados de los que creen y saben:

1. El cuerpo es controlado por la salud y la felicidad, al darle a la mente creativa interna solo las ideas e ideales más elevados y perfectos. Si no sabes qué es lo mejor para sugerirle, descarta todos los pensamientos negativos y déjala sola; su

tendencia es hacia la salud y "el espíritu sabe qué cosas necesitas antes de que pidas" (Lección 29).

2. Ya que vivimos en un universo unitario (Ver Lección 10 y otras) nuestra propia mente interna es una con el Infinito y, por lo tanto, podemos controlar nuestras condiciones de prosperidad y entorno, así como nuestra salud. Nuestra mente objetiva da la impresión o imagen al subconsciente universal y este último actúa para producir para nosotros justo lo que pensamos. En la demostración práctica, todo lo que tenemos que hacer es olvidar los términos "subconsciente", "objetivo", etc., y simplemente ir a trabajar para reconocer la verdad por nosotros mismos. Este libro está diseñado simplemente para decirnos algo de cómo ocurre, pero debemos tener cuidado de pensar que nosotros tenemos que "crear", "trabajar", "luchar" o "hacer" algo. Simplemente nos identificamos con el bien que deseamos y luego lo esperamos. (Ver mi libro "Ser y Convertirse").

3. Podemos trabajar independientemente de todas las condiciones precedentes; no hay limitaciones en la mente creativa, ni calificativos, ni competencia, ni carencia de ningún tipo. Todo *es*; y eso es Todo. Entonces, tampoco entra el elemento del tiempo, ya que en el reino del espíritu no hay tiempo. El espacio no importa porque estamos tratando con un medio donde el espacio es desconocido. La distancia material o física no es una barrera porque no hay ninguna en el espíritu; y es tan fácil obtener resultados en la sanación con el paciente a miles de kilómetros de distancia como a unos pocos metros. Nosotros no enviamos pensamientos porque no hay ningún lugar donde enviarlos. Todo está justo aquí. No necesitamos sacar energía de alguna fuente externa porque la omnipotencia

está aquí en su totalidad cuando la reconocemos; ya que, como unidad con el Padre, yo puedo decir: "Todo poder me ha sido dado, en el cielo y en la tierra".

4. La destrucción, la enfermedad, la muerte y todos los males de la vida provienen de una sensación de separación del Todo-Vida. No puede haber una separación real ya que todo es uno; pero un sentimiento de separación está en la base de toda discordia e infelicidad. Para restaurar la salud, la riqueza y el amor, por lo tanto, solo es necesario hacer nuestra unidad con la vida, con la Mente Universal, con el "Dios y Padre de todos nosotros, que está sobre todos, a través de todos y en todos", porque la Mente Universal es para aquellos que son conscientes de su unión con ella, nada menos que el Dios y Padre de todos nosotros.

En esto deberíamos encontrar la más espléndida inspiración, porque la ciencia mental no le quita a Dios ninguna de esas cualidades esenciales que nuestros corazones anhelan de él, sino que amplía nuestro concepto de su poder y el nuestro, al mismo tiempo. Como dice Sam Walter Foss:

"A medida que cielos más amplios se abrían a su vista,
Dios se engrandecía en su creciente mente.
Cada año soñaba con su Dios de nuevo
y dejaba atrás a su Dios más antiguo.
Él vio el ilimitado esquema dilatarse
en estrella y flor, cielo y terrón,
y a medida que el universo crecía,
él soñaba para él un Dios más grande".

REALIZACIÓN

Toma las cuatro declaraciones anteriores y medita sobre ellas. Ahora hago mi unión consciente con el Todo-Bien. Ya no sentiré una sensación de separación. Me regocijaré en mis derechos divinos como hijo en la casa del Padre. Me levantaré e iré hacia mi Padre.

Hoy soy consciente de la permanente presencia de la Vida Divina, el Amor y la Sabiduría.

Reconozco que mi mundo no es más que un reflejo de mi propio pensamiento, y solo pienso en lo mejor, lo más puro y lo más verdadero.

Busco mi bien en todas las cosas y encuentro el bien en todas las personas. Estoy lleno con la sabiduría y el poder del Espíritu.

Yo soy uno con la vida del mundo y me alegro. (A continuación "pide lo que quieras, y te será hecho". Da gracias.)

EL SER HUMANO, MAESTRO EN EL PLANETA

Describir al ser humano como es verdadera y divinamente, es describir a Dios en una gran variedad de sus atributos. Jesús, el ser más divinamente humano y el ser más humanamente divino que jamás haya venido a este mundo, tipifica los atributos que los seres humanos comparten con Dios. Dios es Amor, Verdad, Vida, Actividad, Inteligencia, Espíritu. El ser humano comparte con Dios todo esto. Él está hecho a imagen divina: Dios sopló en él el aliento de vida y se convirtió en un alma viviente. Solo en la medida en que el individuo reconozca su verdadera naturaleza y manifieste sus propios poderes internos, podrá elevarse a las alturas sublimes que alcanzó Jesús y dominar todas las condiciones físicas.

Sobre todo, debe reconocer su propia naturaleza espiritual. Este es el gran imperativo. El ser humano es espíritu. El ser real, el ego, no es el cuerpo humano, ni la mente humana; es la vida o la mente divina interior, la esencia eterna del ser que brota de Dios. Esta vida interior o divina, que es el ser real, participa de la naturaleza de Dios. Comparte su inteligencia, comprende sus verdades, es coeterno con su vida y coopera en su actividad: "Mi padre hasta ahora trabaja y yo trabajo". Esta vida interior es completa y total, ilimitada en todos los elementos esenciales del verdadero ser.

Así es cada individuo, y solo cuando reconoce y actúa sobre estas verdades, entra en la rica herencia y los privilegios de la salud, la paz y la abundancia. Y es para restaurar la conciencia de su ser divino o filiación que el Espíritu está siempre actuando. Tal fue la misión de Jesús, tal es la actividad del Espíritu Santo o Consolador, "quien te enseñará todas las cosas y te guiará en el camino de la verdad". El gran mensaje distintivo de Jesús fue que Dios es Padre y el hombre es hijo. Al mensaje mosaico de la Unidad Única, él agrega la Multiplicidad Infinita, cuya relación orgánica demostró. "Yo y el Padre somos uno". "Para que todos sean uno, así como nosotros somos uno; yo en ellos y tú en mí, para que puedan ser perfeccionados en una unidad".

El Secreto del Dominio del Individuo

El dominio del individuo sobre todas las condiciones es en verdad el gran secreto, pero no es un misterio. Cuando él se da cuenta de su naturaleza espiritual, su parentesco y su unidad con Dios, y actúa con la razón y la convencida fe sobre este conocimiento, ha dominado el problema de la vida y el destino. Así lo hizo Jesús, y también muchos hombres y mujeres están aprendiendo hoy cómo controlar el destino.

Todo está aquí: Dios, Espíritu Eterno, actuando a través del poder del pensamiento sobre un universo espiritual para crear y volver a crear; el ser humano, en naturaleza, mente y ser, como Dios, actuando de manera similar sobre una creación espiritual, plástica a su mente, asegurando resultados similares en cuerpo, mente y condiciones.

Reconozcamos, entonces, que somos hijos e hijas de Dios y así aseguramos todos los beneficios de esta relación. Recuerda que aparte de él, no podemos hacer nada, pero que "con Dios todas las cosas son posibles". Este es el pensamiento supremo que debemos reconocer.

"Yo Vivo en su Vida Eterna,
y sé que su Vida es mía".

Su vida es mía, y todo lo que esa vida contiene ¡también es mío!

De este modo, vemos que vivimos en un universo espiritual y que el ser humano en esencia y naturaleza es un ser espiritual, creado a imagen y semejanza de Dios y que comparte sus atributos. Como tal ser, él mismo puede dominar lo que llamamos fuerzas y energías físicas, porque Dios le dio dominio. En ningún aspecto esencial esto es más cierto que en relación con el organismo físico que llamamos nuestro cuerpo. Está inmediatamente en el control del principio interno de la vida que llamamos nuestro yo.

Durante demasiado tiempo hemos hablado de nosotros mismos como "carne humana débil", "criaturas del polvo", "condenados a la decadencia" y otros nombres destructivos similares. Ya que eventualmente nos convertimos en lo que pensamos, hemos manifestado toda la debilidad a la que estamos dispuestos a hacer heredera a nuestra carne. Pero no debería ser así, y la forma de cambiar nuestra condición es cambiar inmediatamente nuestro pensamiento.

¿Deberías decir: "Mi cuerpo me gobierna. Esta pierna me dice que no puedo caminar. Esta mano me dice que no puedo escribir. Esta oreja me dice que no puedo escuchar"? ¿Debo hacer lo que mi pierna, mi mano y mi oreja me dicen? ¿Deberías ceder órgano por órgano a lo que crees que te dice ese órgano, hasta que te conviertas en el ser del cual escribió el Obispo Sabin, que afirmaba haber "perdido el uso de ambos pulmones y tenía que respirar por el estómago?" O no dirás más bien: "Yo manifiesto físicamente lo que soy mentalmente; por lo tanto, yo, el verdadero yo, ahora te digo: pierna, camina; brazo, escribe; oído, escucha".

Tu dolor no está en tu pierna sino en tu mente; tu sordera no está en tu oído sino en tu pensamiento. Y cuando el pensamiento haya cambiado por completo, descubrirás que no hay dolor en absoluto. De hecho, es toda una cuestión de conciencia. Si Dios hizo una creación perfecta, no hizo ningún dolor en ella. Es inconcebible que en un capricho sin sentido hubiera dicho: "Aquí hay un pie: voy a poner un dolor en eso. Aquí hay un brazo: lo paralizaré. Aquí hay un buen hombre, pero voy a doblar su cuerpo con reumatismo". ¿Dios hizo eso? ¡Ciertamente no! Y si no lo hizo, ¿quién lo hizo? El pensamiento equivocado lo hizo.

Revirtiendo Nuestro Pensamiento

Pero, ¿no revierte esto la filosofía aceptada de la raza y su interpretación de las experiencias humanas? Espero que sí. Porque ¿quién desearía continuar en un antiguo pensamiento que trajo dolor y sufrimiento a la vida humana, porque se pensó que el dolor era inevitable? Y la nueva metafísica es mejor que la antigua filosofía de vida. Con la antigua interpretación de la vida era difícil explicar por qué este buen hombre sufría y aquel hombre malo salía libre. La nueva dice: "Sea bueno o malo, sufrirá mientras su pensamiento sea erróneo. En lugar de creer que el sufrimiento es el inevitable castigo del Señor, permítele percibir que es la inevitable consecuencia del actuar mal o del pensar mal, y que al cambiar su forma de actuar y su forma de pensar, se recuperará".

Reconozcamos que hay una liberación de los males de la carne, porque la "carne" es solo la manifestación de nuestro pensamiento. El cuerpo no es "indefenso" y "heredero" del dolor, el miedo y la aflicción. El espíritu no está atado salvo por los hilos enmarañados del pensamiento. Pensemos y conozcamos la verdad que nos hace libres. "Dios perfecto, persona perfecta, cuerpo perfecto".

"Sean ustedes perfectos, como su Padre Celestial es perfecto".

Jesús lo era, en cuerpo, mente y carácter. Así podemos ser nosotros.

REALIZACIÓN

Yo soy consciente de mi unificación de naturaleza con el Padre. Sé que Dios es todo y que no hay otro más que él.

Ya que él es todo y, sin embargo, "Yo soy", por lo tanto, "Yo y el Padre somos uno". Ya que somos uno, yo comparto su naturaleza y sus recursos. Todo lo que el Padre tiene es mío.

Mi alma se estremece con la maravilla de ello, mi pensamiento se amplía, paso a profundas experiencias de dicha en la revelación que es mía.

Yo puedo, porque Dios puede. Yo sé, porque soy instruido por Aquel que sabe. No puedo fallar, porque Dios no desfallece, ni se cansa.

Yo espero en el Señor para que renueve mis fuerzas. Confío en el Señor y, por lo tanto, soy como el Monte Sión, que no puede ser movido, sino que permanece para siempre.

Ahora, toma un tiempo para meditar sobre los maravillosos poderes y posibilidades que se abren ante ti. Tus recursos no pueden fallar. El fracaso se debe a que no has recurrido a Dios. Toma lo que quieras. Pide y recibirás. Luego medita en el hecho de que, como compartes la naturaleza de Dios, no hay ninguna mente en el universo más grande que la mente en ti. ¿Por qué, entonces, deberías acobardarte ante las opiniones de los demás? ¿Por qué deberías caminar con miedo a las críticas, la tradición o los prejuicios de los demás?

Yo formo mis propias opiniones, hago mis propios juicios, establezco mis propias normas. Yo soy un ser humano. Soy un maestro de la vida. No intento decir a los demás cómo deben ir. Con mi vida les muestro cómo pueden ir.

Me alegro de esta nueva libertad de conciencia. Me alegro de compartir la naturaleza de Dios porque esto significa que yo soy eterno, soy indivisible del Padre, soy la verdad, soy la vida, yo soy sabiduría en mi ser interior. El ser interior es perfecto y día a día mostraré esta perfección en mis actos y pensamientos. Yo Soy un hijo del Dios vivo. Y me alegro.

LECCIÓN 8

MATERIA O PENSAMIENTO
EN FORMA

Lo que queremos hacer en este capítulo es mostrar que la sustancia que llamamos "materia" es simplemente una agrupación de partículas[3] de energía o "electrones" y que estos electrones o energía son creados por el pensamiento. Esto se puede demostrar mediante experimentos que se han realizado con la mente del individuo, que revelan el hecho de que su pensamiento crea energía o la pone en una actividad definida. Entonces, queremos mostrar que la forma que adoptan las cosas es en respuesta a un pensamiento correspondiente. Cuando comprendemos que el material del que están hechas las cosas es energía-de-pensamiento o vibración, y que puede ser moldeado en forma por los pensamientos que pensamos, estamos preparados para reconocer que el mundo en el que vivimos es muy real y que lo que necesitamos hacer, no es

---

[3] Nota. Técnicamente el electrón no es una "partícula" sino una propiedad de la materia.

58

negarlo, sino entenderlo para ser amos de nuestros cuerpos y condiciones.

La ciencia física rastrea la materia hasta su origen en una sustancia primaria llamada éter. Este éter impregna todo el espacio en todas partes y no hay lugar donde no se encuentre. El éter es simplemente un nombre dado a lo que no se puede ver, sentir, saborear, ni realmente examinar científicamente, sin embargo, la necesidad del caso plantea su omnipresencia. Es un medio sin fricción, sin pulso, inmóvil hasta que es movido por alguna forma de energía.

Pensamiento y Energía o Materia

Cuando un universo visible llega a la existencia, comienza con un movimiento de algún tipo dentro del éter invisible. La ciencia habla del movimiento como la actividad de los "anillos de vórtice" o partículas giratorias de energía, las cuales gradualmente se unen en nebulosas o vapores; y estos arrojan violentamente vastos fragmentos al éter para solidificarse en planetas y sistemas. Esta actividad puede ser vista incluso hoy en día en la nebulosa de Andrómeda, donde un nuevo universo está en proceso de creación.

Por lo tanto, la ciencia percibe que el universo visible está compuesto por partículas de energía infinitamente pequeñas, llamadas electrones. Estos electrones son del mismo tipo, ya sea en un planeta, en la madera de una mesa o el cerebro en la cabeza de un individuo —un hecho que puede parecer muy poco halagador para este último. La diferencia entre las "sustancias" es simplemente la diferencia en el número de partículas para un área determinada y la velocidad de su movimiento.

Estas partículas energizadas, infinitamente pequeñas, se juntan lo suficiente como para formar las diversas cosas que llamamos sustancia mineral, animal o vegetal. Pero, en realidad, nunca se fusionan en una unidad indivisible, ya que descubrimos que cada átomo de energía está separado de los demás y que, de hecho, cada uno está tan ampliamente separado del otro según su tamaño, como lo están los planetas según su tamaño, y que existe una similitud adicional con el hecho de que cada átomo gira sobre su propio eje. El "mundo de la materia", por lo tanto, es realmente un mundo de energía y la llamada sustancia es la vibración. Es muy importante que el estudiante fije esto en su mente como la base necesaria para comprender el origen mental del universo, y recomendaría la lectura de algún libro de ciencia elemental o al menos el uso de la Enciclopedia en este punto, ya que el espacio dado aquí impide un estudio más profundo.

Ya que vivimos en un mundo de energía, dado que la sustancia del universo es realmente energía, el problema de la ciencia y la filosofía, por igual, ha sido explicar la primera presencia de energía en el éter. ¿Qué fuerza se movió sobre o dentro del éter para dar a los anillos de vórtice su primer impulso? Muchos científicos físicos declaran ahora que la explicación es metafísica o que se debe al acto de una Voluntad o Mente. Por lo tanto, el estudiante puede dedicar sabiamente su atención a resolver este problema.

El Éter y la Mente Cósmica

La dificultad de explicar el origen del universo es fácilmente disuelta por el científico mental que percibe en el llamado "éter" simplemente otro nombre para la Mente Cósmica. La descripción del éter por parte del científico físico se corresponde exactamente con la explicación de la Mente o Inteligencia Creativa Universal por parte del científico mental. El movimiento que da lugar a los electrones y a los anillos de vórtice es el movimiento de la Voluntad Divina dentro de la Mente Cósmica; en otras palabras, la Mente piensa y el pensamiento crea energía, y la energía en la forma de electrones produce un universo.

Lo que ahora se necesita para aclarar esto es una demostración científica de que el pensamiento produce energía. Si podemos demostrar que la mente individual puede producir energía o actuar sobre ella para provocar su movimiento, podremos comprender mejor cómo se produjo la energía en la base del universo en el cosmos visible existente, y se está produciendo en cualquier universo que esté ahora en proceso de creación.

Muchos experimentos modernos en fenómenos físicos y psíquicos respaldan la afirmación del poder de la mente para producir energía. Entre ellos podemos mencionar los experimentos de Sir William Crookes y el Dr. Hippolyte Baraduc. Las investigaciones de Sir William Crookes, muchas de ellas verificadas por otros científicos famosos y avaladas por la Sociedad de Investigación Psíquica y organizaciones científicas afines, revelan que existe cierto poder en el cuerpo humano que él llama "fuerza psíquica" que sale para mover cuerpos ponderables a voluntad del individuo. Por ejemplo, él dispuso un sistema de palancas que, al ser movidas, hacían que una aguja registrara automáticamente el movimiento en una placa de vidrio ahumado. Luego, el operador se acercaba a un extremo de la palanca y, sin tocar ninguna parte del aparato, la palanca se movía y la aguja hacía el registro requerido. Este experimento se repitió bajo diferentes condiciones. Esto demuestra al menos que el pensamiento produce suficiente energía para actuar sobre objetos materiales. Tampoco se puede objetar diciendo que se trata del magnetismo físico del cuerpo en lugar del psíquico, ya que, si la energía física fluye para causar el movimiento, aun así, esa energía fue movida primero por la mente del operador. El pensamiento, por lo tanto, produce energía.

Esto se hace aún más claro por un experimento del Dr. Baraduc, cuyo relato popular puede ser confirmado por el estudiante en "Las Conferencias sobre Ciencia Mental" del Juez Troward[4]. El Dr. Baraduc tomó una campana de cristal y dentro de ella suspendió una aguja de cobre, por medio de un hilo de seda. La colocó en una base de madera, encima de la bobina que se usó para fortalecer la energía que se le transmitía, pero que no estaba conectada a una batería. En el experimento se utilizan dos campanas, y el operador sostiene sus manos a ambos lados, pero sin tocarlas. La aguja de cobre se mueve entonces en respuesta al pensamiento del operador, encontrándose una amplia variación en el grado de movimiento de acuerdo con la naturaleza positiva o negativa de la actitud mental.

---

[4] Conferencias de Edimburgo sobre Ciencia Mental, por Thomas Troward. Edición de Wisdom Collection – Capítulo 14, página 105.

El valor de este experimento es que revela que el pensamiento produce energía, ya que incluso si las agujas no se movieron directamente por las corrientes mentales, aun así, la mente tenía el poder a través del pensamiento para iniciar una energía correspondiente para moverse a través del cuerpo. El punto de interés para nosotros es que aprendemos de los experimentos anteriores que el pensamiento se mueve y probablemente crea energía. La voluntad actuando sobre la Mente Creativa produce energía; y esto debe ser cierto tanto si la voluntad es la Universal como la individual, ya que en ambos casos actúa sobre la misma mente. Solo hay una Mente Creativa. (Ver Lecciones 5 y 6.) Esto se aclara cuando pensamos en el éter como Mente Universal o Inteligencia Siempre Presente. Este es el reposo infinito o la base de todas las cosas, el potencial de las cosas, pero no está activo en todas partes. Ya que no está activo en todas partes, la energía no se encuentra en todas partes, sino solo en los lugares seleccionados por el Espíritu para la actividad creativa. (Ver Lección 28.) Cuando comienza la creación de un cosmos, se produce un movimiento convulsivo en áreas seleccionadas y aparece la energía primaria de un universo. El universo en el que vivimos, por lo tanto, debe concebirse como pensamiento y todo el cosmos existente como Mente en Acción.

El estudiante no debe dejar de observar que así tenemos grandes hechos de la ciencia mental gráficamente probados. El universo se crea a partir de cierto poder residente en su interior. Está hecho de Mente o, en otras palabras, el Espíritu hace las cosas convirtiéndose en las cosas que hace. La sustancia, en su análisis último, es inteligencia. El pensamiento, por lo tanto, se convierte en cosas. "La Palabra se hizo carne y habitó entre nosotros". Ya que la sustancia es inteligencia, es gobernada por la inteligencia. Ya que el fundamento del mundo es la Mente, debe ser una.

Esto debería aclarar el pensamiento del estudiante en cuanto al papel que puede desempeñar en el Plan Divino, ya que, si el Espíritu produce un mundo convirtiéndose en ese mundo (ver los libros: "Ser y Convertirse" y "La Mente Creativa") entonces, nosotros producimos la cosa que deseamos convirtiéndonos en esa cosa. Prácticamente hablando, significa nada menos que nuestra capacidad para gobernar nuestro mundo y, mediante nuestro pensamiento, hacer que las cosas que deseamos se reúnan a nuestro alrededor. Llevando esto al máximo del poder inherente en nosotros, significa que, así como Jesús materializó desde la atmósfera el pan y los peces, así también la conciencia iluminada puede algún día aspirar a gobernar su mundo. Si hoy no podemos utilizar todo el poder de los hijos de Dios, al menos podemos esperar que nuestros cuerpos se sometan a nuestra voluntad, que nuestro entorno refleje nuestras actitudes mentales y que las posesiones materiales lleguen a nuestras manos. Y a todos los que reciben, les da poder de convertirse en hijos de Dios en la verdad del entendimiento. Esta es la verdad que, si se conoce, nos hará libres.

Pensamiento y Forma

Ahora nos queda demostrar que el pensamiento da forma a la sustancia, un hecho que se demuestra sin dificultad una vez que se conoce el principio anterior. Como hemos aprendido, la creación es el crecimiento, el despliegue o la expansión del "principio de vida" desde el interior. Lo que llamamos vida o inteligencia, entonces, primero produce energía o vibración de la que se compone el universo visible o cosmos. Por otra parte, el universo visible en todas partes se manifiesta a sí mismo en forma. Ya que la mente es el poder primario, dado que crea partículas de energía y estas partículas de energía se agrupan en forma en todas partes, solo es posible una conclusión: el Pensamiento Moldea la Sustancia en Forma.

Es un principio inherente a la propia naturaleza que la sustancia debe asumir una forma armoniosa. Esto se ilustra en los copos de nieve que caen en variados patrones florales desde el cielo silencioso. O se puede estudiar la tendencia en un interesante experimento de vibración musical. Los granos de arena son esparcidos sobre una placa de vidrio, debidamente equilibrados, y se unirán formando hermosas figuras geométricas cuando el arco de un violín se pase por el borde del cristal, y cada vibración musical cambiará la forma que adopte la arena.

Por muy maravillosos que sean estos experimentos, apenas son comparables con los miles de milagros desapercibidos de la creación a nuestro alrededor. Examina el poder formativo del pensamiento creativo en una bellota. En esa frágil cáscara, yace acunado un poderoso roble y una inteligencia instintiva que desplegará su vida en una forma definida. Vuélvete hacia las estrellas y estudia la tendencia interna de toda la materia a fusionarse, a rotar y a asumir una forma esférica; y luego vuélvete hacia el otro extremo de la escala creativa y examina el desarrollo de la vida humana. Dentro del feto se encuentra la insomne y misteriosa inteligencia que llamamos mente subconsciente, la cual produce el inigualable y complejo mecanismo que algún día tendrá la forma humana.

¿No percibimos, entonces, que la sustancia del universo invisible es la mente: que el pensamiento produce la energía o la sustancia del universo visible al actuar sobre lo invisible y que, además, ¿el pensamiento moldea esta energía o materia en forma? Por lo tanto, somos dirigidos a la inevitable conclusión de que el Cosmos existente es el Pensamiento en Forma; que existe y se mueve en el ilimitado mar de la mente no manifestada; y que el poder potencial yace en esa Mente para crear nuevos universos y nuevas formas cuando y donde quiera.

Conclusiones

El estudiante debe cuidadosamente estudiar y aprender los hechos anteriores como la base de trabajo de la Ciencia Mental. De ellos puede sacar muchas conclusiones. Percibirá que no tiene que negar la materia para controlar los cuerpos y las condiciones; solo necesita reconocer su naturaleza como inteligencia responsiva. El universo es real; la materia es real; las cosas son pensamientos o, para ser más exactos, son la Mente tomando forma a través del pensamiento. Podemos controlar nuestro mundo de intereses debido a la inteligencia que hay en él y que obedece al pensamiento, siempre que seamos conscientes de los hechos que hemos aprendido en los capítulos anteriores: que en nuestra naturaleza potencial somos uno con la Mente Creativa Infinita.

Finalmente, debemos observar que la inteligencia actúa sobre una base impersonal, creando sobre el patrón que nuestro pensamiento le proporciona. Es completamente neutral; y podemos moldear la sustancia mediante nuestro pensamiento, ya sea en una magnífica virilidad y feminidad física, o en una carne deformada, demacrada y cancerosa. Nuestra palabra o pensamiento es literalmente "hecho carne y habita entre nosotros".

Obtenemos de nuestro universo lo que ponemos en él, ya que refleja nuestros estados de ánimo y pensamientos. El bien y el mal son igualmente reales, como efectos, pero son simplemente la expresión externa de conceptos internos. Tú vives en un universo eterno e inmortal, porque, aunque la forma y el pensamiento pueden cambiar, la sustancia primaria nunca puede morir. La sustancia primaria es la Mente, y como tú la compartes, también eres eternamente uno con ella. La Infinita Inteligencia Responsiva es tu Padre conduciéndote hacia verdes pastos y junto a las aguas tranquilas.

REALIZACIÓN

Estudia tu universo para agregar tus propias conclusiones a las ya entregadas. Estúdialo para percibir el Bien Siempre-Presente. Busca a Dios en todo y a través de todos. Tu poder de comprensión de él debería aumentar infinitamente con este estudio. Tu fe debe ampliarse con estos conceptos ampliados de Dios. Por lo tanto, deja que tu realización sea una de acción de gracias.

Te doy gracias, Padre, porque siempre me oyes. Te agradezco que antes de que llame tú me respondes porque escuchas mi pensamiento no hablado.

Yo soy consciente de que mi mundo refleja mis estados de ánimo y mis pensamientos, y con esa comprensión tendré cuidado de pensar, hablar y escuchar solo lo bello, lo bueno y lo verdadero.

Te doy gracias porque ahora puedo ver que "el Padre y Yo somos uno", y me acercaré cada vez más a ti en la conciencia de la Presencia Divina. Sé que en esta conciencia mis pensamientos serán correctos, mi corazón será correcto y, por lo tanto, mi universo será correcto, ya que refleja mis pensamientos y palabras no habladas.

Yo estoy lleno de dicha y gran paz; la dicha del poder creativo, ya que "Todo el poder me es dado en el cielo y en la tierra" —la dicha de la Divina Comunión contigo, Oh Padre, en todos los asuntos eternos de tu reino. Te agradezco por el regalo de la vida y del amor eterno.

Amén.

LA PALABRA CREATIVA

Todo el universo está vivo con la inteligencia cósmica; es la Mente Creativa infinita en acción. Como ya hemos visto, la mente da origen al pensamiento y luego utiliza su pensamiento como modelo de su creación, al igual que el artista concibe la idea de su pintura y luego utiliza el ingenio de su cerebro y sus manos para plasmar sus bellezas en forma y color. La mente, por lo tanto, ya sea en lo Universal o lo Individual, tiene solo una forma de actuar al comienzo de cualquier serie, debe actuar mediante el pensamiento. Y el pensamiento, a su vez, siempre se expresa en palabras. Nosotros siempre pensamos en términos concretos o en palabras. Así nos dice Juan: "En el principio era la Palabra, y la Palabra estaba con Dios y la Palabra era Dios. Todas las cosas fueron hechas por él y sin él nada de lo que ha sido hecho fue hecho". Y en otra parte de las Escrituras, se nos dice: "Por la palabra del Señor fueron hechos los cielos, y todo el ejército de ellos por el aliento de su boca". Esta es la respuesta a la pregunta de la ciencia: "¿Cómo se originó la vibración?" Es bastante fácil explicar la evolución de los sistemas planetarios y la vida del universo si podemos explicar la primera introducción del movimiento, pero ¿de dónde proviene?

Del estudio de la física aprendemos que la naturaleza de la sustancia primaria o éter es que todas sus partículas están en perfecto balance o equilibrio. La única manera de alterar este equilibrio y llevarlo a la forma es mediante la aplicación de alguna fuerza inmaterial a la sustancia primaria. Por lo tanto, debemos postular una Voluntad en algún lugar, o el acto de la Mente, ya que esa es la única fuerza inmaterial posible. Así, la ciencia puede decir que el "anillo de vórtice", que es el primer movimiento en el comienzo de un universo, toma su movimiento del acto de la Mente. Esto está en armonía con lo que hemos aprendido sobre el Espíritu, que "es el poder que hace las cosas". Los antiguos videntes sabían esto antes de que comenzara la ciencia, y dijeron: "El Espíritu de Dios me ha hecho y el Aliento del Todopoderoso me da vida".

La vida solo puede provenir de la vida, y el movimiento solo puede tener su origen en la mente. La palabra espíritu proviene del latín "spiro", "respiro". El universo, por lo tanto, surge de la exhalación de la Mente. Este es el movimiento expansivo del espíritu con el que tanto tratan los filósofos antiguos; como dice la Biblia: "El espíritu de Dios se movía sobre la faz de las aguas". La palabra "aguas" es el término esotérico para la Mente o Mente Creativa. La Palabra actúa sobre la Mente para producir la sustancia en el universo visible y luego para llevar esa sustancia a variadas formas, en sol, luna, estrellas, tierra, mar, vegetación y ser humano.

Entonces, encontramos que la Mente actúa por medio del pensamiento, el pensamiento se expresa en palabras, y podemos ir un paso más allá y decir que las palabras son expresadas por la voz. Por eso todos los escritores antiguos se ocuparon mucho de la Voz. "La Voz del Señor está sobre las muchas aguas". Los escritos sánscritos hablan de Vach; el latín es Vox o Voz. En otras palabras, el universo objetivo, que se compone de movimiento o vibración, de una forma u otra comienza con la voz. Hasta que la voz hable, el universo solo existe en la Mente Creativa. Tan pronto como la Mente Creativa selecciona un lugar para comenzar la creación de un universo, entonces comienza el movimiento o la vibración por la voz. Todo el mundo objetivo puede explicarse como vibración de una u otra forma. Todo, desde el oro en tu reloj hasta la luz del sol, desde la silla en la que te sientas hasta el cerebro de tu cabeza, está compuesto por partículas de sustancia con diferentes tasas de vibración. Todas las cosas materiales pueden dividirse en átomos y, teóricamente, disolverse en el éter. El éter es simplemente otro nombre para la Mente. El electrón es energía. Por lo tanto, la sustancia última de la que están hechas todas las cosas es la misma. Pero los objetos difieren en el número de partículas en un área determinada y la velocidad de su movimiento. Esto es algo en lo que todos podemos detenernos a meditar porque nos muestra que vivimos en un universo que es todo uno. William Hayes Ward, dice:

"Todo el gran universo de mundos estrellados es uno, construido con los mismos materiales, movido por las mismas fuerzas, gobernado por la misma ley física. Todo es un sistema único, una ley, un orden de pensamiento, un esquema, una geometría, un plan ajustado a una fórmula, un universo unitario".

Esta sustancia única es la Mente, la única fuerza es la fuerza del pensamiento que se concreta en palabras y se expresa en voz o vibración. Porque la voz es solo una vibración inteligible, o un sonido definido. De esta manera, el sonido definido debe ser la Palabra. Así vemos que el Principio Creativo es la Palabra. "Por la Palabra del Señor fueron hechos los cielos".

Nuestra Palabra Creativa

No necesitamos ir más allá para sacar la conclusión de nuestra propia palabra creativa. Si compartimos la naturaleza de Dios, si nuestro pensamiento actúa sobre la sustancia original, es decir, en la Mente Divina, entonces, cada palabra que pronunciamos, ya sea superficial o profunda, es una palabra creativa. Por eso se nos dice: "Por tus palabras serás justificado y por tus palabras serás condenado".

Tal es la profética actividad de la palabra que enviamos al universo. Algo del poder y la persistencia de las palabras que pronunciamos puede deducirse de un nuevo y extraño fenómeno descubierto en el instrumento de telegrafía inalámbrica. Parece que los operadores siguen captando sonidos extraños, los aparentes ecos de una banda de música y otros. Muchos creen que las vibraciones así captadas pueden haber comenzado en la atmósfera hace mucho tiempo; nadie sabe desde cuándo. Es posible que la vibración iniciada por el instrumento musical o la voz, no se extinga nunca. Es probable que nunca muera. Entra en el éter primario y lo pone en movimiento, y nada impide que haga eco para siempre. Quizás algún día el refinado instrumento inalámbrico recoja del vasto éter las palabras del Maestro cuando hablaba a sus compañeros hace siglos junto al mar de Galilea o cuando estaba ante Pilato o cuando desde la cruz, decía: "Padre, perdónalos porque no saben lo que hacen".

De cualquier forma, podemos estar seguros de una cosa: que nuestra palabra es creativa, que actúa sobre nuestras condiciones, nuestro universo y nuestros propios cuerpos. En consecuencia, ¡cuánto cuidado debemos tener en la selección de las cosas que vamos a decir! No debemos dejar que ninguna palabra caiga en algún oído sensible que pueda herir el corazón de alguien, que pueda actuar como sugestión de un pensamiento negativo para desmoralizar a las personas.

"No permitas que diga ninguna palabra errónea o vacía,
Pon un sello en mis labios
Solo por hoy"

¡Con qué frecuencia las personas literalmente condenan su hogar, su negocio y a sí mismas por las palabras vacías que pronuncian! Pronunciar un pensamiento pesimista es crear una atmósfera correspondiente y así traer sobre ti lo que temes. Hablar mal a los demás es maldecirlos. Criticar es empujar aún más en el fango a aquel contra quien se dirige la crítica. "Toda palabra vana que hablen los hombres, darán cuenta de ella en el día del juicio". Ese día es ahora. El autor recientemente conoció a una mujer cuya lengua ociosa causó tantos disturbios que le costó a su esposo uno de los mejores puestos de su profesión en el estado. Su uso descuidado de las palabras destruyó su posición.

Por otro lado, el alma noble siempre está diciendo palabras constructivas, palabras de alegría, palabras de buena voluntad, palabras de aliento a todos los que encuentra. Tales individuos son benefactores de su raza, sin embargo, su servicio es uno que cualquier alma puede prestar si lo desea. Él bendice a toda la humanidad, pero a su vez, la humanidad lo llama bendito y, por lo tanto, impulsar a los demás es impulsarse a sí mismo. Sin embargo, el alma noble no piensa en esto. Arroja su pan sobre las aguas, pero no para que pueda regresar en algunos días. Más bien, lo hace porque ama a sus semejantes. Su "palabra se convierte en una lámpara para los pies y una luz para el camino".

Entonces, si quieres convertirte en uno de los ayudantes de tu generación, llena tu corazón y tu pensamiento con las mejores cosas. "Guarda tu corazón con toda diligencia porque de él brotan todos los manantiales de la vida". Nuestras palabras saldrán con belleza y gracia si tenemos belleza y gracia en nuestro corazón y pensamiento.

"Entonces deja que tus pensamientos secretos sean justos;
ellos tienen una parte vital y participación
en dar forma a las palabras y moldear el destino,
el sistema de Dios es muy complejo"

REALIZACIÓN

Yo sé que controlo mi mundo y mi destino por los pensamientos que pienso. Sé que, si mi corazón es correcto, mis pensamientos serán correctos; si mis pensamientos son correctos, mis palabras serán correctas; si mis palabras son correctas, mi mundo será correcto.

Por lo tanto, pondré un sello en mis labios. Cuidaré cada uno de mis pensamientos y palabras. No pensaré mal; no escucharé mal alguno; no hablaré mal. Pondré mi mente en las cosas más elevadas y mejores. Mi tendencia a hablar críticamente ahora se ha ido de mí; mi hábito de buscar defectos se ha ido. Ya no me condeno a mí mismo, ni a mis amigos, ni a mi negocio, con mis palabras pesimistas. Yo soy todo optimismo y esperanza, estoy lleno de buen ánimo.

Yo bendigo todo y a todos. Soy un estímulo para todos. "Mi palabra se hace carne y habita en la realidad".

Que siempre esté lleno de esperanza y alegría. Que el espíritu del Señor esté sobre mí.

Luego, reconociendo el poder creativo de tus palabras, da la orden a tus condiciones. Di: "Que se haga esto". Esta es la palabra creativa, la palabra de confiado mandato. Que me sea hecho como quiero. Esta es mi voluntad.

Te agradezco, Padre, por esta confianza y porque me enseñas todas las cosas y me das todas las cosas.

EL UNIVERSO INTERIOR Y EXTERIOR

La imaginación del ser humano se asombra ante la inmensidad del universo en el que vive. Por la noche, observa las estrellas que se extienden en el espacio infinito; a simple vista puede ver 3.000. Se acerca al telescopio y a través de la lente 100.000.000 estrellas pasan por su sorprendida visión. Coloca una placa fotográfica bajo el instrumento y éste registra un millón de millones.

Cada una de estas estrellas es un sol y muchos de los soles son más grandes que el gran orbe que hace nuestro día. Además de estas estrellas, la ciencia dice que hay muchos otros soles muertos que recorren el espacio en una procesión interminable. Alrededor de cada uno de estos soles giran varios números de planetas, así como la Tierra, Júpiter, Venus, Neptuno y otros giran alrededor del nuestro. Nuestro sol tiene ocho planetas. Algunos de los planetas tienen a su vez varias lunas girando a su alrededor. Júpiter tiene ocho. Consternados por la inmensidad, la ciencia nos dice que, sin duda, existen otros soles y planetas fuera del alcance de cualquier medio que pueda idearse para detectarlos. No solo eso, sino que están surgiendo nuevos sistemas planetarios en este momento. La nebulosa de Andrómeda son los primeros acopios a través de los gases resplandecientes de un nuevo universo que algún día será lanzado en gloriosa constelación a través de los éteres. Aunque estas estrellas son numerosas, no se empujan entre sí en el espacio. Nuestro propio sol, que es una estrella para otros planetas, está a 93.000.000 millas de la Tierra y viaja a una velocidad de 800 millas por minuto. La siguiente estrella más cercana, Alpha Centaura, está a una distancia de unas 25.000.000.000.000 millas. La estrella del Norte gira en torno a los cielos a 316.666.666.000.000 millas de distancia.

La luz viaja a una velocidad de 186.000 millas por segundo, requiere años para llegar a nuestro planeta. La ciencia nos muestra que la luz de algunas de las nebulosas tarda 8.000.000 de años en llegar hasta nosotros.

Ningún ojo ha visto realmente una estrella. Solo hemos visto la luz que ha estado fluyendo desde ella durante quizás millones de años.

A pesar de lo vastas que son estas distancias, se ajustan con una armonía sin igual que mantiene a todas las estrellas en órbitas fijas y definidas. Mediante una atracción y repulsión mutuas, hacen su propio camino a través de los senderos invisibles del cielo.

Nuestra imaginación se desborda por un momento al pensar en un universo tan vasto y tan armonioso a la vez. Las estrellas se balancean libremente en el espacio, pero se mueven bajo leyes fijas y con un ritmo tan perfecto que muchos creen, y con razón, en la propia música de las esferas.

Sin embargo, la tremenda majestuosidad de los cielos, la infinita evolución de los planetas ha encontrado su equivalente en la inigualable mente humana. Porque todo lo que ha evolucionado ahí afuera está implicado en mí aquí. Yo tengo algo en mí que lo iguala en cada punto. Yo no podría comprenderlo, no podría reconocerlo, a menos que hubiera en mí una conciencia tan grande como los cielos. En mí hay un algo que llamamos mente que puede "captar" toda la bóveda estrellada. Puedo reunirlo todo en mi propia mente. Puedo reconocerlo. Puedo tragarlo todo en una mirada. Por lo tanto, debe estar implicado en mí todo lo que ha evolucionado ahí afuera.

REALIZACIÓN

Tengo en mí el vasto universo del pensamiento. Yo, mirando las estrellas, soy más grande que las estrellas que me miran. Ellas encuentran en mí la inigualable capacidad de comprenderlas. Estoy por encima de ellas, porque yo soy consciente de ellas y de mí mismo.

Yo estoy hecho como los ángeles del cielo. Camino sobre el sendero de las estrellas. Me muevo en medio de los caminos eternos como un maestro. Por mi mente, yo soy el rey de los mundos.

Hoy yo voy a mi trabajo con el paso de un monarca. ¿No soy uno con el poder que hizo las esferas, ya que soy más grande que ellas? Lo Soy. Hoy viviré por encima del miedo, de la pequeñez y la maldad de todo tipo. Me acompañaré con las estrellas. Descansaré en la tranquila confianza de que aquel que las trajo a la existencia y sostiene los cielos en su mano, me mantendrá en perfecta seguridad —porque yo soy uno con la mente que las hizo.

EL SER INFINITO

Nuestra capacidad de concebir a Dios en sus cualidades infinitas requiere una capacidad infinita inherente en nosotros mismos, como vimos en la lección sobre el universo exterior e interior en el capítulo anterior. Hoy queremos estudiar los atributos del Infinito que son infinitos en el ser. Debemos darnos cuenta de que, si bien nunca los expresamos todos ellos en su totalidad, en ningún momento, existen como el trasfondo de nuestra vida y las posibilidades de nuestro ser. El volumen de agua en un canal puede estar limitado en un momento dado, pero detrás de él y siendo uno con él, se encuentra el océano del que puede extraer ilimitadamente. Nosotros tenemos atributos del ser coextensivos con el Espíritu o Dios mismo. Estos son el amor, la vida y la sabiduría.

El amor en nosotros es infinito, ya que nadie ha agotado ni podrá agotar nunca el suministro de amor en sí mismo. De hecho, cuanto más amamos, más sentimos dentro nuestro el poder de seguir amando. El alma cósmica más noble, en lugar de agotar sus recursos de amor, se convierte más bien en un tipo de "Amor inmortal, siempre lleno, siempre fluyendo libremente, siempre compartido, siempre completo, un mar sin fin".

La vida en nosotros también es infinita. Por muy plenamente que vivamos, no tenemos más que un creciente sentido de nuestra propia vivencia. Mucha salud engendra más; y el que más verdaderamente vive, seguramente cree en las energías inagotables que hay detrás. Solo el enfermo pierde la fe en la vida ilimitada y el debilucho teme su fin. La vida no puede "terminar de vivirse" porque es infinita.

La sabiduría también es infinita. Nadie ha agotado nunca su capacidad de pensar nuevos pensamientos y pronunciar nuevos enunciados. Los más grandes eruditos siempre han reconocido que todo el conocimiento que han expresado y las verdades que han esbozado no son nada en comparación con el número de las que aún están por salir de la mente.

Podemos decir, entonces, que en los atributos esenciales de la divinidad —el amor, la vida y la sabiduría— el ser humano es infinito en cualidad potencial. Ahora podemos ir un paso más allá y decir que esta vida, amor y sabiduría son los de Dios mismo. La lógica es simple. Estos poderes son infinitos. No puede haber dos infinitos del mismo tipo. Estos son del mismo tipo porque, si no lo fueran, no podríamos comprenderlos en Dios ya que no tendríamos forma de sentir ninguna relación con ellos. Podemos ser conscientes de algo solo en la medida en que sentimos alguna relación con ello. Entonces, dado que estos atributos de vida, amor y sabiduría en Dios, son del mismo tipo que los nuestros, y dado que ambos son infinitos, deben ser uno. Jesús lo sabía. El Gran Maestro exclamó:

"«Yo y el Padre somos uno» Y ellos tomaron piedras para apedrearlo. Entonces Jesús les dijo: «Les he mostrado muchas obras buenas que son del Padre; ¿por cuál de ellas me apedrean?» Los judíos le contestaron: «No te apedreamos por ninguna obra buena, sino por blasfemia; y porque tú, siendo hombre, te haces Dios» Jesús les respondió: «¿No está escrito en su ley: Yo dije: ustedes son dioses?"

Mirando los rostros de aquellos cuyo odio, hipocresía y poder legal buscaban destruirlo, Jesús proclamó la divinidad del ser humano. "Si no hago las obras del Padre, no me crean. Pero si las hago, aunque no me crean a mí, crean en las obras; para que sepan y entiendan que el Padre está en mí y yo en el Padre" Y más tarde dijo dos cosas importantes a aquellos que lo seguían: "Mayores obras que estas harás, porque yo voy al Padre", y "Para que todos sean uno, así como nosotros somos uno".

Si las "obras" que hacen los seres humanos son la prueba de la divinidad y ahora se están haciendo "obras mayores", ¿no podemos decir que la divinidad del individuo hoy está siendo más altamente atestiguada que nunca? Y estas obras deben ser cada vez mayores a medida que se llega a comprender cada vez más los infinitos recursos del ser; porque, como se aprende en la lección sobre la ley de las correspondencias, manifiestas o externalizas (esto significa, "la obra") justo lo que piensas dentro. Tu poder para controlar las condiciones de tu vida depende completamente de tu capacidad para comprender en mayor medida la verdad de tu propia vida, amor y sabiduría inherentes e infinitos. A medida que crezcan tus ideas, también aumentará tu capacidad para encarnarlas, la fe en forma, hasta que finalmente seas el amo del destino.

REALIZACIÓN

Medita sobre la verdad recién expresada. Es solo un esbozo, puedes completarlo con tu propia meditación. Lleva tu pensamiento a un punto elevado "imaginando" y "sintiendo" la inmensidad de este Poder de Dios en ti —el Ser Infinito. Si es infinito, nunca puede agotarse, nunca puede fallar, nunca puede morir. ¡Piensa en ello!

"Yo y el Padre somos uno". Todo el día estás en la Presencia del Infinito. Practica esa Presencia hoy. Lee el capítulo décimo versículos 19 al 38 de Juan. Aprende algunos de los mejores versos. Aprende la estrofa de cuatro versos de "Amor inmortal". Llena tu mente con la verdad y luego di:

Estoy viviendo hoy la vida infinita, por lo tanto, estoy perfectamente bien.

Estoy amando con un amor infinito, por lo tanto, soy perfectamente feliz.

Estoy pensando con la mente de la sabiduría infinita, por lo tanto, tengo paz y armonía.

Hoy tengo paz, equilibrio y un sentimiento de poder. Yo estoy viviendo en la vida, el amor y la sabiduría del Infinito. ¡Que así sea!

LA LEY DE ATRACCIÓN Y APROPIACIÓN

Nuestros regalos del cielo son los únicos que recibiremos. Debemos aprender que solo podemos recibir de la Ley lo que damos a la Ley; que la Ley asume hacia nosotros justo la actitud que asumimos hacia ella. Si concebimos a Dios como un Padre amoroso, él se convierte en eso para nosotros y sale con los brazos abiertos para recibir a su ser querido en casa. Por otro lado, si vemos en él solo un juez severo e implacable, encontramos que la Ley reacciona ante nosotros de manera implacable. Si, además, consideramos a la Ley como nuestro antagonista, eso se convierte para nosotros y es el "adversario" del que habló Jesús, que "no nos dejará ir hasta que hayamos pagado el último centavo". Podemos concebir la Ley como un espejo mágico que crea en forma y sustancia exactamente lo que reflejamos en él. Infinitamente exacto y creativo, toma el más bello reflejo de rostro y forma y lo convierte en algo de carne que respira. O toma el rostro más espantoso, como el de la Medusa, y lo convierte en una criatura viviente con sus retorcidos mechones de serpientes. Pero este espejo mágico refleja aquello que es más sutil que la carne; capta la visión de nuestros pensamientos; toma la imaginación de nuestro corazón y le da el aliento de vida y forma. Así, el pensamiento más hermoso saca su propio y dulce ser vestido en carne; y el pensamiento bajo y la pasión se moldean en hechos y actos viles. ¿Por qué? Porque el universo asume hacia nosotros la actitud que tomamos hacia él. Esto es lo que llamamos la ley de correspondencias.

De esto se deduce que lo que recibimos de la ley depende de nuestra capacidad de concebir. ¿Cuánta fe tienes? La ley la justificará. ¿Puedes concebir el Bien Infinito como dispuesto a derramar sobre ti todo lo que pides, con la adición universal añadida? "Según tu fe te será hecho". "Da a la Ley y se te dará; buena medida, apretada y rebosante se pondrá en tu regazo". "Pide y recibirás; busca y encontrarás; llama y se te abrirá". "Si un hijo pide pan, ¿le dará (el padre) una piedra, o si pide pescado él le dará una serpiente?" "¡Cuánto más, entonces, tu Padre Celestial dará buenos regalos a los que le pidan!"

Observamos aquí que Jesús muestra la exactitud de la ley; si esperas pan, obtendrás pan; si esperas pescado, obtendrás pescado. Y si esperas una piedra, la obtendrás. Nuestro pan del cielo viene en respuesta a la actitud que asumimos mentalmente hacia el cielo, de modo que queda claro que lo que debemos hacer es desarrollar una conciencia más profunda o capacidad de concebir y apropiarse. Miremos hoy nuestro universo con fe, fe en toda la naturaleza, fe en las personas, fe en Dios.

REALIZACIÓN

Yo busco lo bueno y solo lo bueno. Veo lo bueno en todo y en todos. Dios es bueno y me da por encima de todo lo que pido o pienso. Veo en él a mi amado Padre, a mi bondadoso Redentor. Percibo la armonía en todas las cosas y la mente benéfica del Universo. Dios es el Padre de todos, y por eso veo en todos a mi amigo y hermano.

Ninguna mano está puesta contra mí; y mi mano no está puesta contra nadie. Todos los que me rodean son mis semejantes, y yo soy amigo de todos.

Contemplando la infinita respuesta de la naturaleza, de las personas y de Dios a mi estado de ánimo, hoy solo tengo pensamientos elevados y hermosos. Estoy lleno de la más brillante y fina fe y emociones.

Ahora toma el pensamiento de sanación para el cuerpo o las condiciones. Piensa que la enfermedad se debe a un pensamiento erróneo en alguna parte. Si puedes, averigua la causa mental que la produjo, y mentalmente o físicamente arrójala a las tinieblas de afuera, lo cual es reconocer que no tiene poder sobre ti y que, por lo tanto, no es nada para ti.

El único poder que tiene esto se lo he dado yo. Ahora retiro el poder, que es mi creencia en este mal; y cae en la nada elemental. Ahora estoy lleno de fe en mi sanación.

Yo soy un hijo del Espíritu, perfecto y completo. Mis pensamientos son pensamientos de salud y armonía. Ahora recibo salud y armonía.

La Mente Creativa está trabajando para crear para mí una correspondencia perfecta a mi pensamiento. Mi pensamiento es perfecto, mi fe es segura.

Tengo un concepto perfecto de salud. Hoy estoy sanado. Te doy gracias, Padre, que siempre me oyes. Hoy hablo contigo y camino contigo; estoy seguro de mí mismo y de ti y de todo.

Que así sea.

ELIGIENDO LA LEY BAJO LA CUAL VIVIRÁS

Cada uno de nosotros selecciona la ley bajo la cual vivirá. No es cierto que nosotros hacemos la ley, pero decidimos qué ley obedeceremos. El ciudadano vive bajo la ley civil que ha contribuido a crear. Si no la hizo, aun así, elige vivir bajo ella, ya que puede emigrar a otro país o puede negarse a obedecerla. El soldado se somete a la ley militar y el marino se somete a la ley del mar. El médico se somete a la ley de la medicina, y el osteópata a la ley de la manipulación. El alma temblorosa y temerosa elige vivir bajo la ley del azar y se encuentra en un mundo correspondiente, con accidentes, inundaciones y tormentas repentinas. El drogadicto, el borracho, se rigen por la ley de su elección, prefiriendo sus duras tareas antes que el abandono de sus sensaciones. El pesimista elige vivir bajo la ley de la nube; y el optimista bajo la ley del sol. El materialista vive en un mundo de materia regido por leyes materiales y en un universo de fatalismo. El alma glorificada dice: "Yo vivo en un mundo mental y obedeceré sus leyes. Tengo mi ser en un mundo de Espíritu y puedo controlar mis propias condiciones. Existo en el corazón del Infinito y disfrutaré sus frutos de amor, porque los frutos del Espíritu son el amor, la dicha y la paz".

¿Bajo qué ley estás viviendo hoy? Tú puedes elegir cuál. Pero recuerda que dentro de cada ley sigue actuando el principio fundamental del universo; toda causa tendrá su efecto. Toda buena acción tiene su recompensa; toda mala palabra tiene sus consecuencias; todo acto de fe obtendrá su alto requerimiento del cielo.

Por lo tanto, hoy déjame elegir vivir bajo la más alta ley del ser, y déjame seguir en perfecta seguridad. Si cumplo mi ley, mi ley me cuidará. Si obedezco mi ley, mi ley me obedecerá. No permitas que olvide que yo hago mi mundo con los pensamientos que concibo.

REALIZACIÓN

Mi ley hoy es el amor, la fe, la prosperidad y la verdad.

Yo miro sin vacilar hacia el futuro porque hoy estoy sembrando la semilla para mi futura cosecha, y es buena.

Espero una buena cosecha. Así que hoy descanso en paz y fe.

Confío en Dios. Su ley es el amor.

SENTIMIENTO Y EMOCIONES

En el sentimiento está el poder creativo; y es la verdadera divinidad del ser humano. La primera impresión es que se encuentra en el pensamiento. Pero más profundo que el pensamiento está el poder que lo produce y el sentimiento que lo crea. Pensamos porque sentimos. La creación no está directamente en el pensamiento sino en el sentimiento. Cada palabra que pronunciamos es una palabra creativa, pero lo que crea es el sentimiento que expresa y que la acompaña. El sentimiento más profundo produce la creación más elevada. Una palabra pronunciada con amor produce armonía en el cuerpo y bienestar en las condiciones. Una palabra pronunciada con odio arroja veneno en la sangre y produce discordia física para el que odia. Esto se entiende más fácilmente cuando pensamos en la mente creativa en términos de mente subjetiva. Esta mente es el asiento de todas las emociones y sentimientos; la mente objetiva solo tiene recuerdos de las emociones que se han experimentado. La mente subjetiva es simplemente otro nombre para la mente creativa y, por lo tanto, la mente creativa actúa sobre el sentimiento que es en esencia.

El hecho de que todos los actos creativos estén acompañados del sentimiento más elevado identifica el sentimiento con el poder de crear. La unión del principio masculino y femenino es una emoción elevada, ya sea en la loca afinidad de los átomos, o en la dulce fecundación de la planta, o en la procreación de la vida animal. Sin embargo, como todos los actos en el plano de los sentidos no son más que la manifestación externa de un pensamiento o sentimiento interno, y como todos los actos que son verdaderos para la naturaleza son también verdaderos para Dios, el gozo de la creación física no es más que el reflejo o la externalización de emociones y sentimientos internos más finos. El acto sensorial es divino como toda la naturaleza es divina, desde el planeta hasta el ser humano, ya que ambos son el producto de la Mente Divina, sin embargo, detrás de él se encuentra la noble emoción del alma —la emoción espiritual. Ningún sentimiento en el plano físico puede rivalizar con la alegría de la creación mental, como en la obra del inventor, del artista o del compositor. Sin embargo, por encima de esto brilla la estrella más alta de la concepción espiritual que es el amor.

Expresar el amor es superar todos los locos éxtasis de la naturaleza en el dulce éxtasis del alma. Ambos pueden definirse como la unión de cosas afines, pero el amor es la unión del espíritu con el espíritu, donde el alma se encuentra con el alma y se satisface. El amor es el deseo de Dios de la completitud en el otro. Esto es el Sentimiento Creativo. Para lograrlo es que se produce todo el universo, para que al final de la serie el ser humano pueda levantarse y por su propia iniciativa busque la completitud en Dios y así permitir que Dios cumpla su deseo. El individuo devuelve así a Dios, a través de los acordes de la vida, la rica música de un corazón en sintonía con él. Así, Dios, el ser humano y la naturaleza se unen en la gran armonía divina del ser. Por lo tanto, el sentimiento debe ser considerado como el Poder Divino que se manifiesta. En el organismo físico es el genuino correspondiente de lo más elevado del ser espiritual, y existe en el individuo como la base de la energía creativa. Correctamente dirigido, se puede contar con el sentimiento como la corriente de la vida divina fluyendo hacia la expresión en todos nuestros asuntos, en la salud y la sabiduría.

No hay que temer a las emociones, ni pensar que hay virtud en la negación de los sentidos superiores. Esa es una filosofía falsa. Controla correctamente el sentimiento, pero reconócelo como el gozo del Espíritu buscando expresarse a través de ti. El sentimiento profundo de las emociones genuinas del amor, la fe, la amabilidad, la alegría de existir, estos son los factores creativos, los elementos positivos en la realización de la nueva vida. El pensamiento abstracto, el razonamiento tranquilo no tienen tanto poder como el pensamiento sostenido por el sentimiento. Muchas personas se convencen intelectualmente de la verdad de la nueva forma de vida, que llamamos la ciencia de la mente, sin embargo, no obtienen resultados a través de su conocimiento. Por lo tanto, lo que se necesita es bañar el conocimiento en el sentimiento profundo de la verdad. ¿Cómo se logrará esto?

Debemos entender que se asegura de la misma manera que cualquier otra cualidad que deseemos. Si deseamos desarrollar una cualidad o demostrar salud o riqueza, lo hacemos afirmando para nosotros mismos que existe, que existe para nosotros ahora, y reclamándola. Luego vamos tranquilamente a nuestro trabajo y esperamos que la ley trabaje en nuestra manifestación para nosotros. La mente actúa, entonces, para producir en expresión o forma lo que le hemos dado en el pensamiento. El gran corazón del universo está listo para verter a través de los canales que brindamos, la vida y el amor que es. Para nosotros, reconocerlo es permitir que se manifieste en nosotros. Asume hacia nosotros la actitud que asumimos hacia él.

Sabiendo esto, podemos poner nuestro conocimiento en acción a través del siguiente simple ejercicio de respiración. Con este ejercicio se pueden hacer vibrar todas las fuerzas más finas del cuerpo. Habiendo encontrado una posición cómoda, respira profundamente y al inhalar, dices:

—"Estoy inspirando todo el amor y la fe de Dios. El espíritu de vida está ahora llenando todo mi cuerpo".

Luego, al exhalar, imagínate difundiendo toda la nueva energía de vida por todo el cuerpo y dices:

—"Siento la presencia de la vida divina pasando a través de todo mi ser".

Esto producirá un fino éxtasis, ya que el pensamiento inmediatamente pone el cuerpo en una vibración correspondiente a él. Esto nos da un sentimiento en la expresión física lo que produce la confianza de que podemos tener un sentimiento mental y espiritual también. De hecho, descubriremos que de inmediato comenzamos a sentir el poder de la vida divina en nosotros. Este ejercicio es especialmente deseable para aquellos que, a través de un esfuerzo excesivo del cuerpo o la mente, han agotado lo que a menudo se denomina el "poder de reserva" y han producido una condición de agotamiento. Ahora estamos listos para utilizar la siguiente

93

meditación, esforzándonos siempre por sentir tan profundamente como podamos.

REALIZACIÓN

Yo sé que Dios es vida, amor y sabiduría.

Sé que esta vida, amor y sabiduría están en mí porque yo soy uno con el Padre.

Sé que en mí hay un vasto poder de fe. Siento la nueva confianza de quien toma del corazón del Amor Infinito. "El que cree en mí, de su interior brotarán ríos de agua viva", dijo Jesús del espíritu.

El amor está en mí, sobre mí, alrededor de mí y a través de mí. Todo el poder y el amor me son dados.

Ahora yo soy receptivo a lo más alto que Dios puede dar. Yo lo recibo con profunda alegría y agradecimiento.

Te agradezco, Padre, que siempre me escuchas.

EL INSTINTO DE CREAR

El instinto de crear se encuentra en toda persona normal. Es una de las primeras tendencias de nuestra infancia y persiste mientras la vida tenga algún valor para nosotros. Siendo innato en todos nosotros, indica una fuente común: surge de la Mente Creativa misma. El espíritu es instintivamente creativo. Dios tiene deseos y poderes creativos que solo pueden satisfacerse creando algo. Él anhela expresar su poder para crear, utilizar su pensamiento para plasmar sus ideas en forma. Es el paso de las ideas a la forma lo que produce alegría y sensación de placer. Dios es el gran artista que sueña una imagen y luego la pinta; el gran compositor que siente su armonía dentro y busca expresarla. Él pone en forma lo que siente y piensa dentro.

Lo mismo ocurre con nosotros mismos. No todos somos artistas o músicos; pero todos tenemos instintos creativos y el deseo de hacer cosas. A una mujer le gusta hacer un sombrero nuevo y disfruta tanto de la nueva creación como de la admiración de sus amigas. A otra le gusta preparar un pastel y elaborar una nueva receta o conseguir resultados inusuales de una receta antigua. Otra disfruta de las tareas domésticas y del

95

uso de su mente en el trabajo para la iglesia, la caridad o el club. A un hombre le gusta probar su mente frente a las circunstancias y el mundo de los negocios, ver qué puede hacer con los materiales que tiene para trabajar, idear nuevos métodos para cumplir con las cambiantes condiciones, nuevas formas de publicidad o economía, y hacer que un antiguo negocio sea más rentable.

La vida tiene sentido y valor solo porque somos capaces de expresar nuestras ideas y de crear. Cuando era joven, yo pensaba que solo la juventud tenía sus visiones y sus sueños y le dije a una mujer de cuarenta años:

—"No veo qué hay en la vida para alguien que haya alcanzado tu edad".

—Ella dijo: "Oh, tenemos cosas que queremos resolver, igual que tú"

Ella estaba llena de ideas creativas y se alegraba de darles forma.

La razón por la cual los hombres y las mujeres "caducan" es porque han dejado de tener ideas creativas y el deseo de expresarlas. Mientras tengamos interés, anhelo, entusiasmo y deseo de crear, tenemos algo que el mundo necesita; y no podemos "caducar". La edad no reside en los años sino en el sentimiento. Para seguir siendo jóvenes, debemos sentir el deseo de actuar creativamente.

Las personas que se encuentran en una posición donde no pueden expresarse suelen estar enloquecidas, desanimadas o empobrecidas por su incapacidad de crear. Se les puede sanar dándoles algo que hacer, encontrándoles nuevos intereses. A menudo el golpe, tras la pérdida de un amigo, paraliza el instinto creativo; y la cura radica en encontrar algo útil que hacer, especialmente para los más necesitados. A menudo, también, uno puede ayudarse cuidando niños, o tratando de hacerlos felices y observándolos en su actividad creativa: darle un buen momento a un niño es darse uno a sí mismo porque vives de nuevo en el niño. En este sentido, la vida de un abuelo es más feliz que la de un anciano sin niños.

La felicidad, por lo tanto, surge de la alegría de la autoexpresión y de la actividad creativa. Si no eres feliz, entonces busca tus fuentes. Comienza a tener pensamientos creativos; busca ideas e impulsos creativos, exige oportunidades para dar forma a todo lo que sientes que eres. Al final, descubrirás que Dios está buscando autoexpresión de vida, amor, sabiduría y forma en ti. Conviértete en un canal para lo más alto y lo mejor que el espíritu tiene para expresar a través de ti. La Mente creativa y tú son uno.

REALIZACIÓN

Yo soy uno con la Mente Creativa; ella busca en mí su plena expresión.

Mi dicha es grande porque se me permite trabajar con Dios. Ahora estoy lleno de ideas y planes creativos. Soy uno con Toda la Sabiduría que los produce.

El espíritu me enseña qué cosas debo pensar y hacer. El espíritu me guía para actuar sabiamente y verdaderamente hoy.

Caminaré solo por los senderos de la paz y el poder. Siento nuevos poderes y nueva capacidad.

Yo estoy renovado en mente y cuerpo. Me emociono con alegría y expectación.

Yo soy consciente de la presencia de Toda la Sabiduría y la Verdad; y hoy soy un éxito perfecto.

NUESTRAS INMACULADAS CONCEPCIONES

Somos lo que pensamos. Nuestros ideales más elevados controlan nuestro interés y, por lo tanto, nuestro pensamiento. Los ideales de los individuos son su religión porque no podemos ver a Dios, pero podemos concebirlo. Cuanto más elevados sean nuestros ideales, más elevado es nuestro concepto de Dios y más pura es nuestra religión. Los ideales y la fe se mezclan en uno. Nuestros ideales son lo que concebimos como posible; nuestra fe es nuestra creencia de que estos ideales no solo pueden, sino que serán realizados. La hombría y la feminidad más nobles se convierten, por lo tanto, en el mejor exponente del cristianismo; y vivir noblemente es ser cristiano en el sentido más verdadero.

La razón por la que necesitamos tener altos ideales es que la ley crea para nosotros sobre el modelo que le damos. Si nuestro ideal de perfección es la fuerza bruta, eso se desarrolla sin el encanto de la personalidad y el carácter. Por otro lado, si pensamos solo en la personalidad y las gracias sociales, eso se desarrolla sin una base física adecuada. Si nuestro concepto de riqueza es que solo podemos tener lo suficiente para pagar el alquiler y el carnicero, desarrollamos la capacidad suficiente para ganar precisamente eso. Sin embargo, si podemos pensar en nosotros mismos como si viviéramos en una mansión y tuviéramos todo lo que deseamos, entonces encontramos que la ley de correspondencias trabajará para darnos eso. Si pensamos que estamos gobernados por el azar, las condiciones de guerra y la competencia, entonces eso se convierte en nuestra ley. Nuevamente, si nos concebimos a nosotros mismos por encima de las condiciones, ilimitados y absolutos, entonces eso se convierte en un hecho para nosotros. ¿Por qué?

Todo esto es cierto porque la ley asume hacia nosotros exactamente la actitud que asumimos hacia ella. Entonces, si nuestro más alto ideal y fe es que somos hijos de Dios, compartiendo su naturaleza y recursos, tenemos la base para los dones más altos de la ley porque nos atrevemos a concebir más para nosotros mismos. Un hijo tiene más fe en la prosperidad y su futuro que un sirviente.

Nuestro concepto más elevado, por lo tanto, es nuestra visión del ser como uno con el Padre, en naturaleza y poder. "Yo y el Padre somos uno". Así escribe el salmista:

"Alzaré mis ojos a los montes; ¿de dónde vendrá mi ayuda? Mi ayuda viene del Señor".

Esta es claramente la actitud que debe asumir aquel que busca convertirse en una inspiración y elevar a la humanidad. No puede elevar hasta que primero él sea elevado. Si quiere señalar a otros el camino, primero debe mirar a las alturas. Debe conocer el camino en las montañas. Él mismo debe estar en una cumbre. Debe haber estado en el Monte de la

Transfiguración. La mirada hacia arriba debe preceder al ascenso. Uno debe conocer la ley para enseñarla; el camino para mostrarlo; a Dios para revelarlo. Debe haber una alianza con lo invisible. De las colinas viene la ayuda; de las montañas cubiertas de nieve, la brisa fresca; de los claros del bosque, las notas de paz; de las cumbres escarpadas, una fe sublime. "La fuerza de las colinas también es suya".

No debe olvidarse nunca la alianza con lo invisible. Donde no hay entrada, no hay salida. No hay río sin una fuente, no hay corriente sin un manantial. La fuente no rociará sin el agua. El barco no navegará sin brisa. La rueda es silenciosa sin la correa; el automóvil es ineficaz sin energía; la lámpara está muerta sin luz. Pero unidos a la fuente, el río corre, la fuente rocía, el barco navega, la rueda gira y "la lámpara ilumina a todos los que están en la casa". Debemos mirar hacia lo alto, movernos hacia lo alto, alcanzar lo alto, y entonces estaremos preparados para elevarnos. Debemos estar en alianza con lo invisible. Ese día, las fuerzas supremas se apoderarán de nosotros, nos poseerán, nos influirán, nos utilizarán. Así, habiéndonos convertido en la entrada, también nos convertiremos en la salida de todo lo que hay en Dios. En ese día se revelará el poder de Dios; "los ciegos recibirán su vista, y los cojos caminarán; los leprosos serán limpiados, a los pobres se les anunciará el evangelio; y bienaventurado será el que no se escandalice en nosotros". Estas son las señales que seguirán a los que crean. Pero primero debe haber una alianza con lo invisible: solo los elevados se convierten en una elevación.

Por lo tanto, concebirnos a nosotros mismos como uno con el Padre es dotarnos del "poder de lo alto". No olvidemos la razón. La ley nos devuelve creado lo que pensamos en ella como visión. ¡Que nuestras visiones sean elevadas y verdaderas! ¡Que sean glorificadas! Y no olvidemos que esto es tan cierto si nuestros ideales son para un carácter perfecto, un cuerpo perfecto, una sabiduría perfecta en nuestro negocio, o una felicidad perfecta. ¿Qué deseas? Imagínalo como tuyo ahora. Sueña con la belleza. Míralo como si lo tuvieras. Cuanto más perfecta sea tu visión, más perfectos serán tus retornos. La perfecta visión de fe es la inmaculada concepción de la mente pura. La ley, con inteligencia infinita, encarnará la fe en la forma. Entrégate con fe a la visión más elevada de tu alma.

REALIZACIÓN

Yo estoy en alianza con lo invisible.

Yo soy uno con el Padre. Todo lo que el Padre tiene es mío.

Dios es mi luz y mi salvación. Alzo mis ojos hacia las colinas de donde viene mi ayuda. Mi ayuda viene del Señor que hizo el cielo y la tierra. La fuerza de las colinas también es mía.

Yo soy hijo de Dios; soy heredero de todo lo que es. Dios es todopoderoso, por lo tanto, yo tengo fuerza. Dios es Todo-Sabiduría, por lo tanto, soy guiado en todos mis asuntos. Dios es Todo-Suministro, por lo tanto, nada me faltará. Dios es Todo-Amor, por lo tanto, estoy lleno del más alto amor y cariño.

No puedo tener un deseo, porque Dios lo satisface. Sus ojos están en el gorrión; y yo sé que se preocupa por mí. Estoy completamente satisfecho en mi conciencia de la Presencia Interior. No temeré mal alguno porque tú estás conmigo. Siempre y para siempre yo soy provisto.

En esta conciencia elevada, concibe el bien que deseas y mantenlo en la Mente Creativa y espera que venga a ti. Mantenlo en la conciencia por un tiempo. Siéntelo profundamente. «Yo Creo. Estoy satisfecho».

Concluye rezando el Padrenuestro con profundo sentimiento y pensamiento. De este modo, te sumerges en el sentimiento creativo. Deja que te sea hecho. Ahora agradece. Ya está hecho.

"Te agradezco, Padre, porque siempre me escuchas".

CONCIENCIA INTENSIFICADA

La conciencia de la verdad es el gran objetivo del metafísico. Debe tener una percepción profundamente asentada de la realidad o su palabra no estará respaldada por el poder. Su conciencia es el arma con la que pone en retirada todo el conjunto de pensamientos erróneos, conceptos equivocados y temores, con todas las enfermedades y limitaciones que los acompañan. Es su escudo contra la duda y la discordia. Es el estandarte alrededor del cual reúne todas las fuerzas del bien y de Dios. Espada, escudo y estandarte, la conciencia es simplemente saber en tu corazón que todo es bueno, que todo es Dios y que tu palabra es la palabra de autoridad para la ley. Es lo que el centurión reconoció en Jesús cuando dijo:

"Señor, no soy digno de que entres bajo mi techo; pero solo di la palabra y mi sirviente sanará. Porque yo también soy hombre bajo autoridad, con soldados a mis órdenes, y digo a este: "Ve", y va; y al otro: "Ven", y viene; y a mi siervo: "Haz esto", y lo hace".

Sin entenderlo completamente, el centurión expresó la ley de la conciencia. Debes reconocer que la ley es tu sirviente y debes sentir que cuando dices la palabra, te obedecerá; aún más, que te ha obedecido.

Esta conciencia no es simplemente conocimiento intelectual de la ley, es mucho más que eso, es el sentimiento de la verdad. "Como un hombre piensa en su corazón, así es él". Por lo tanto, vigorosamente hay que buscar todos los medios que puedan emplearse para intensificar esta conciencia. Y nada es mejor que un compromiso de todo corazón con la verdad. Podemos comparar la vida con hombres en los botes. Uno se aferra a la orilla y su barco se rompe en pedazos contra las rocas. Uno navega arriba y abajo en el puerto, atrapando de vez en cuando una útil brisa en sus velas dirigiéndose a diferentes puntos, y al final, no llega a ninguna parte o simplemente al punto de partida. Otro, se compromete con Dios y con el mar, pone sus velas y se dirige ante los vientos favorables a la isla del tesoro. Es absolutamente esencial un compromiso total con el nuevo camino. Una verdad a medias es a menudo una completa mentira; y un avance tímido es el precursor de la derrota. Goethe dice:

"Así, la indecisión trae sus propios retrasos.

Y se pierden los días, atormentando a los días".

Cuanto más fervientemente te comprometas con el camino de la salud, cuanto más audazmente navegues por el mar de la fe, más seguro estarás del éxito. Jesús dice: "Desde los días de Juan el Bautista hasta ahora, el Reino de los Cielos sufre violencia, y los violentos lo conquistan por la fuerza". Los ávidos y entusiastas seguidores de la verdad se apoderan del Reino, lo ganan como un premio de guerra.

Un compromiso tan audaz e impetuoso con el nuevo camino de la fe es esencial para el gran progreso del alma. Es así, a partir del tempestuoso abandono, que tenemos a Pedro como roca; San Agustín de alma fuerte; el imponente Lutero; el entusiasta Wesley. Así obtenemos a nuestros Césares, que se sumergen en el Danubio para ser bautizados como reyes; a nuestros Cromwell para sentarse en tronos; a nuestros Washington para crear naciones; a nuestros Grant para salvar las casusas del pueblo.

Lo que es cierto aquí es cierto para el camino de la sanación. "Encomienda tus caminos al Señor, y confía en él; y él lo hará". Esta es la prueba suprema, la condición indispensable del éxito, que uno coloque el asunto completamente en el plano de la fe. ¡Creer! ¡Creer! ¡Creer! ¡Sentir profundamente! ¡Saber! "El conocimiento es poder". Cuando sientes tan profundamente que sabes, y tú sabes que sabes, en ese momento, estás a mitad de camino a las alturas. En poco tiempo estarás en la cima. Estás bien y es un bienestar divino. No hay peligro de una recaída. Graba en el escudo de tu alma esta única palabra: "Credo". Yo creo. No necesitas otro lema.

Las Razones de la Fe

Siempre intentamos explicar lo más claramente posible, no solo el hecho, sino el proceso. ¿Por qué la fe es esencial para el éxito? Si examinas con nosotros por un momento un fenómeno de hipnotismo, verás claramente la razón de la fe. Por supuesto, esto es solo ilustrativo. El hipnotismo es una forma inferior de actividad mental y nunca debe confundirse con las fuerzas superiores de los métodos mentales y espirituales de sanación. En el hipnotismo la mente objetiva duerme, en la sanación espiritual la mente está despierta. Pero aquí encontramos una buena ilustración proporcionada por el conocido educador, Dr. G. Stanley Hall. Toma una larga tubería de gas de la cual proyecta cincuenta chorros iluminados. Luego apaga las luces una por una. Las luces que quedan se encienden aún más brillantemente, y el último chorro brilla con un poderoso resplandor. Un hombre hipnotizado representa el mismo principio. Una parte de sus fuerzas mentales y físicas se apagan o se ponen a dormir. Por sugestión del operador, ahora él centra todas sus fuerzas vitales en una parte del cuerpo. Él siente con mayor intensidad; escucha como ningún otro presente puede escuchar; recuerda con asombrosa precisión. Si se le dice que un fuego arde en su piel, estará en una agonía de dolor. Esto no se trata de imaginación. La sangre y los nervios realmente responden a estas sugestiones. Al despertar, el paciente recuerda y ejecuta las órdenes que se le han dado durante el sueño hipnótico. Pero el punto a destacar es la ilustración del pensamiento centrado, la intensidad del sentimiento.

En el sentimiento profundo de una fe perfecta, todas las energías mentales y corporales se centran en el punto focal de la enfermedad. Todos los vasos sanguíneos, los nervios y la energía del cuerpo se mueven en torno a la parte afectada con concertada eficiencia. Se puede pensar que un torrente de actividad tiene lugar allí. En el modelo mental, las fuerzas construyen. Cada pequeño trabajador dice: "Hermano, anímate"; y ellos "ayudan cada uno a su compañero". Así, continúan los procesos revitalizantes, renovadores y recreativos. Es verdad que no hay enfermedad que no pueda ser curada por las poderosas emociones de una fe perfecta.

Se nos dice que las enfermedades orgánicas no se pueden curar. "La ciencia médica y Dios vacilan en su presencia. Dios puede curar enfermedades funcionales, pero no orgánicas". Saca de tu mente este pensamiento. Jesús dijo: "Con Dios todas las cosas son posibles". Cuando la ciencia médica ha alcanzado su límite máximo, puedes encontrar que "el extremo del ser humano es la oportunidad de Dios". "Confía también en él; y él lo hará". Haz de tu extremo la oportunidad de Dios por la intensidad de tu fe. No intentes por medio de la fuerza de voluntad hacer que la estructura de tu cuerpo cambie o que funcione de manera diferente. Esto es autosugestión. No es lo suficientemente poderoso. Vuélvete a Dios. Declara tu positiva fe en Dios. Intensifícala. Asalta el trono de Dios. Los violentos toman por asalto el reino de los cielos. Ten una vehemente fe. La mujer de la parábola de Jesús por su importunidad se impuso al juez. El hombre por su importunidad consiguió los panes a medianoche. Cuando las profundas sombras de la oscuridad caigan sobre ti, recuerda esto: Mediante la persistente intensidad puedes asegurar el bien codiciado. Y ten en cuenta que tal fe es más valiosa para el alma que para el cuerpo y que, por lo tanto, no estás pidiendo en contra de la voluntad de Dios, sino en armonía con su plan. "Continúa, alma verdadera, ganarás el premio, llegarás a la meta".

REALIZACIÓN

"El Señor es mi luz y mi salvación, ¿a quién temeré? El Señor es la fortaleza de mi vida. ¿De quién tendré temor?"

Yo no puedo pasar por ninguna experiencia donde el Espíritu no esté conmigo. No puedo tener ningún accidente cuando el Espíritu me protege. No puedo tener ninguna tristeza que el Espíritu no me consuele.

Yo soy guardado en un amor sereno y perfecto. Estoy sostenido en la Mente de Dios. No puedo perderme, porque no hay lugar fuera de la Mente Divina. Estoy rodeado de Todo el Bien. Soy abrazado por Todo el Bien. Soy consciente de Todo el Bien.

Todo a mi alrededor, en mí y a través de mí, está el Amor que no me dejará ir. Aunque camine en las sombras, él será mi luz. Aunque navegue sobre el mar, él será mi brújula. Aunque esté solo, él será mi compañero. ¿A quién, pues, temeré? No temeré a nada ni a nadie. La muerte ya no puede existir para el alma que sabe que la vida es todo. Puedo caminar en el valle de la sombra, pero la vida camina conmigo. No temeré mal alguno.

Yo Soy vida; Dios es Vida; todo es Vida; y yo sigo con fe y confianza.

¿ES EL MAL UN PODER?

Dios es todo en todo

Esta es la filosofía fundamental para la sanación cristiana. Esta es la confianza del sanador. Esta es la verdad cuya realización es lo más esencial para la adquisición de la salud. Debemos saber que la sustancia eterna del universo no es material sino espiritual, no es temporal, sino eterna. En la fundación está Dios. Así como la planta no puede crecer a menos que en la semilla esté el germen de vida, en la savia esté el principio de la existencia, así el universo debe tener en su corazón la presencia viva del espíritu eterno. Como dice el apóstol Pablo: "Todos deben estar sujetos a él, para que Dios sea todo en todos".

Como ha dicho el poeta, Dios está:

Por encima de todas las cosas,
por debajo de todas las cosas.
Dentro de todas las cosas, alrededor de todas las cosas.

Dentro de todo, pero no encerrado.
Alrededor de todo, pero no excluido.
Por encima de todo, como revelador,
Por debajo de todo como sustentador,
Dentro de todo como nueva vida.

Esto está por encima del panteísmo, porque no solo identifica a Dios con el universo, sino que demuestra que él es más que su universo. Además, "Dios es amor", por lo tanto, debe tener un objeto de su afecto, de modo que el ser humano también tiene una parte individual en Dios como este objeto de afecto. Dios tiene atributos personales porque él es consciente de sí mismo como quien ama y dirige su poder hacia fines benéficos.

¡Qué maravilloso y significativo es esto! No hay nada más que la presencia divina en todas partes, no hay poder real excepto el de Dios. Solo hay un mundo, es el mundo de Dios. El único mundo real es el mundo que existe en la mente de Dios y en la mente del individuo. Vivimos en un universo espiritual en el que Dios es supremo.

Esto significa, por supuesto, que no hay ningún poder real opuesto a Dios. Jesús expresó esta verdad de muchas maneras. Citó el mandamiento: "Escucha, Oh Israel, el Señor tu Dios, el Señor es Uno". El dolor, la enfermedad, la angustia y la carencia del "pequeño rebaño" no se deben al poder de alguna fuerza maligna, sino a la atadura del miedo y la preocupación. Elimina estas cosas y de inmediato la ley del bien trabajaría para las personas como para los lirios del campo. No se trataba de un poder —el Poder del Bien— luchando contra otro —el Poder del Mal. Era la eliminación, la aniquilación de un estado mental, lo que abriría el camino para que cayera el rayo de luz de Dios.

Esta es la simple filosofía fundamental para este sistema de pensamiento, cuyo reconocimiento hace mucho para abrir el camino a la salud, la paz y el suministro de todo tipo. El único poder es el Poder de Dios. No hay ningún poder real para el mal o el dolor en sí mismos. La verdad es la única realidad. El mal solo tiene tanto poder como le atribuimos. Con Jesús podemos afirmar que Satanás no tiene parte en nosotros.

Así como la oscuridad es eliminada de la existencia mediante la introducción de la luz, el mal es reducido a cero por la presencia del pensamiento contrario. Todo esto está en armonía con lo que hemos aprendido sobre la ley, que el individuo crea su propio universo por su pensamiento; porque la sustancia creativa es plástica a su pensamiento y toma la forma y cualidad que le da su pensamiento. (Lección 7.) La sustancia original carece de cualidades propias, siendo solo energía electrónica, que es simplemente la fuerza creada por la actividad de la Voluntad Divina. Es como la cera que espera la impresión del molde, o el mármol que no ha sido cincelado por la mano y la mente del escultor. Pero la sustancia original se moldea en forma y adquiere carácter a través del más sutil de los instrumentos, el pensamiento de nuestra mente. Se convierte exactamente en lo que pensamos en ella, así como el espejo toma la forma y el color que le damos. Por lo tanto, si pensamos en limitación, obtenemos su reflejo en la falta de cosas; si pensamos en suministro, lo conseguimos. "Como un hombre piensa en su corazón, así es él" en su persona.

¿Qué Significa el Mal?

De este modo, vemos que el mal yace en la conciencia, allí reside y miente. Pero, ahora surge una pregunta natural ¿qué se puede entender por mal? Cuando usamos la palabra "mal" de las experiencias objetivas, nos referimos al "mal físico", como las dificultades, el dolor, la pobreza, los entornos desagradables. Cuando la usamos por pensamiento, nos referimos a las experiencias y actitudes mentales que se deben a conceptos y elecciones erróneas de la voluntad. Los teólogos llaman a este último "mal moral", y dicen que es "algún impulso o sugestión que no era digno de ser actuado, pero que fue actuado por seres que tenían el poder de hacer lo contrario... El pecado vino primero por el acto de los espíritus libres creados deseando mal". (Teología Cristiana, página 155, William N. Clarke.)

Pero el teólogo falla en percibir dos hechos significativos: Primero, que la elección del impulso o sugestión no se debe a la maldad voluntaria sino a la ignorancia, ya que nadie tomaría elecciones que implicaran sufrimiento y pérdida si comprendiera plenamente y sintiera la fuerza de los desastres que se derivan de ellas. Esta ignorancia de la acción se evitaría al depender de la guía intuitiva del espíritu; pero el hecho de no depender de esta guía no se debe a la "maldad moral" o a la perversidad, sino que, nuevamente, se debe a la ignorancia. Segundo, se debe percibir que la experiencia objetiva en el dolor y la pobreza no son más que un reflejo de la actitud mental o del pensamiento equivocado. Ciertamente, un cuerpo físico, para ser físico, debe tener el poder de la sensación y debe tener la capacidad de una sensación desagradable, ya que tales sensaciones nos advierten que no estamos en armonía con nuestro entorno y la ley, y que debemos corregir o perecer. Pero la mente que permanece en Dios o está en armonía con la ley, percibirá intuitivamente lo que es necesario hacer y así se evitará que transgreda la ley de la naturaleza. A Jesús no le ocurrió ningún accidente porque estaba en perfecto acuerdo con el Padre. Hay muchos hoy en día que "se visten seguramente con Amor y Sabiduría Infinitos". "No te sobrevendrá el mal, y ni ninguna plaga se acercará a tu morada". De esta forma, percibimos que el llamado "mal" de la mente o el cuerpo es simplemente el efecto de elecciones equivocadas que se deben a la ignorancia; pero la ignorancia no es una falta moral. Sin embargo, la ley no hace acepción de personas y si pensamos en limitación, enfermedad y accidente, lo exteriorizaremos. Entonces, cuando nos encontramos rodeados de limitaciones externas que son desagradables, debemos reconocer que no son más que el reflejo de nuestro pensamiento.

El Bien y el Mal son Reales, pero son Efectos

Ahora surge la pregunta de si la salud y la riqueza no son más reales que la enfermedad y la pobreza. Ninguno es más real que el otro. Ambas son la misma sustancia primaria, energía moldeada por el pensamiento. Podemos pensar en una manifestación tan fácilmente como en la otra. Nos damos cuenta de que esto es bastante contrario al concepto habitual de la enseñanza más reciente. Se dice: "El mal, la necesidad, la enfermedad, etc. se deben a la falta de algo. La pobreza es la falta de riqueza, pero la falta de algo es cero, por lo tanto, no hay pobreza. La ignorancia es la falta de sabiduría, pero la falta de una cosa es cero, por lo tanto, no hay ignorancia"; y así sucesivamente, afirmando que lo negativo es una mentira y, por lo tanto, la experiencia es irreal. Estoy citando mis propios puntos de vista anteriores, porque yo pensaba lo mismo antes de pensar con suficiente claridad. Me parecía que cuando uno piensa en la salud y la riqueza la obtiene; pero que cuando piensa en la enfermedad y la pobreza no la tiene, solo piensa que la tiene. Esto era un error. Lo que una persona siembra en sus pensamientos, eso cosechará, ya sea agradable o desagradable. Todos los efectos son tan reales como sus causas y "la cosa existe en el pensamiento, así como el pensamiento en la cosa". También era un error mío decir, por ejemplo, que "la oscuridad, siendo la falta de luz, no era nada". El hecho es que la experiencia de la oscuridad es tan real como la de la luz. Si no fuera así, no podría ser consciente de ella. Uno no puede ser consciente de lo que no es. Por lo tanto, si soy consciente de la pobreza o la enfermedad, mi conciencia es tan verdadera como mi conciencia de la riqueza o de la salud; de lo contrario, no soy consciente de ninguna de ellas. Pero soy consciente de ambas. Lo que se necesita, entonces, no es que yo cambie el hecho, sino que cambie el pensamiento que produce el hecho.

Así mismo, era un error mío decir que puede haber ausencia de algo y, por lo tanto, la nada. Si la experiencia es lo suficientemente real como para que yo sea consciente de ella y la llamo "nada", estoy diciendo que hay una "nada" en oposición al Algo que es Dios o Infinito y, por lo tanto, estoy postulando un universo dual y limitando lo ilimitado. Esto es imposible. Mi experiencia de salud, riqueza y amor, o mi experiencia de pobreza, enfermedad e infelicidad son igualmente reales; pero ambas son efectos de mi pensamiento. Son el reflejo de mi pensamiento. Mi pensamiento es la causa que toma la sustancia original y la moldea en estas formas y experiencias. El resultado no debe ser calificado como bueno o malo; tampoco lo es el pensamiento. No es una cuestión de moral sino de sabiduría. En consecuencia, si no me gusta el efecto, debo cambiar el pensamiento. Y para no tener que pasar por todas las terribles experiencias de dolor y necesidad para aprender, puedo acercarme al corazón de Dios, que lo sabe todo desde el principio; y "el espíritu me enseñará todas las cosas y me guiará por el camino de la verdad".

Dios no Tiene la Culpa por los Efectos del Pensamiento Erróneo

Siempre se pregunta: "¿De dónde vino el primer pensamiento del mal? y ¿Por qué Dios permitió el mal y el sufrimiento en el mundo? ¿Por qué permite la guerra, el hambre y la muerte?" Y la respuesta es: Él no lo permite. No tiene nada que ver con eso. Él nos da el poder de pensar como individuos. Él nos da libre albedrío y elección, luego nos deja a nosotros la decisión de lo que debemos pensar. Si elegimos pensar en términos de limitación, eso es asunto nuestro, pero debemos soportar las consecuencias de la ley de que obtenemos lo que pensamos. Debemos darnos cuenta de que hay suficiente suministro en el mundo para satisfacer las necesidades de todos. Si no lo tomamos, no es culpa ni obra de Dios. Si traemos dolor y pérdida sobre nosotros mismos, esto no lo involucra a él.

Debemos recordar que estos efectos que no nos gustan se deben a que pensamos en términos de limitación, y como Dios nunca piensa en esos términos, él no puede conocer sus efectos. En otras palabras, es una cuestión de que si Dios sabe que hay guerras y muerte y todas esas cosas. "El Señor es de ojos demasiado puros para contemplar la iniquidad". Pero no dijo Jesús: "Ni un solo gorrión puede caer a tierra sin que el Padre lo sepa". Exactamente, pero él no lo ve morir. Él lo ve vivo. Dios es espíritu, él trata con el espíritu, y en el espíritu no hay muerte. Como Jesús citó: "Dios no es el Dios de los muertos, sino de los vivos. Yo soy el Dios de Abraham". Para él todos viven.

La Fuente del Pensamiento Erróneo

Queda claro que el pensamiento de limitación no es culpa de nadie más que de nosotros mismos. Si no nos gusta nuestro mundo y nuestro entorno, debemos cambiarlo mediante nuestro cambio de pensamiento. Nuestro entorno es nuestra propia creación y podemos movernos hacia las escenas y circunstancias que se ajusten a nuestras perspectivas mentales en el momento en que llegamos a la conciencia que nos llevará hacia nuestro bien deseado. El cielo es un estado de conciencia tan posible en este plano como en cualquier otro. Dos personas en la misma calle a menudo viven en mundos que están tan separados como las esferas, porque en el caso de una hay un constante pensamiento del mal con sus correspondencias físicas, en la otra hay un constante pensamiento del bien. Entonces, nos damos cuenta de que el poder de elegir lo que pensará y cómo amará constituye la chispa vital misma de la individualidad del ser humano. Así también, él puede dar o retener su amor al Espíritu Supremo. Si Dios lo hubiera dotado con algo menos que la posibilidad de elección, habría hecho de él una pieza de un mecanismo. Pero debe pagar por la libertad de la que disfruta con el sufrimiento que sigue al pensamiento erróneo y la falta de amor. Y su pensamiento erróneo se debe a su incapacidad para amar o establecer una armonía entre él y la Sabiduría Infinita. Porque cuando retiene su amor, está en desarmonía con la sabiduría y no puede ser guiado por esos procesos intuitivos que le impiden tomar decisiones que lo sumergen en tanto dolor e infelicidad.

El secreto de una vida correcta no se encuentra en el estudio de lo negativo o del llamado "mal" sino de lo positivo o la vida, el amor y la sabiduría divinas. Si nuestros ideales nos hacen, como hemos visto en otro capítulo (Lección 16), entonces salimos de las limitaciones por una elección de ideales más elevados. En presencia de la luz, la oscuridad desaparece; el sol naciente nunca ha visto la oscuridad, porque cuando sale la oscuridad huye ante él. El amor nunca ha visto el odio, porque cuando llega el amor, el odio desaparece. La armonía nunca ha escuchado discordia, porque no hay ninguna en presencia de la sabiduría perfecta. La riqueza no puede experimentar la pobreza, ya que no hay carencia donde el suministro es abundante. La alegría no conoce la tristeza, porque la felicidad es la dueña absoluta dondequiera que llegue. Cada una de estas cualidades es la verdad completa para nosotros; la verdad es indivisible y, por lo tanto, su presencia debe ser perfecta y completa, y nada más es posible cuando están allí.

Conclusión

El valor de este estudio es evidente. La forma de curar todos los llamados males es el reconocimiento de que "Dios es todo en todo". No debemos ser como el médico que estudia el cadáver para averiguar sobre la vida. Estudiar la muerte no revelará la vida. Conocimos a un médico que hizo un estudio profundo de la locura y quedó tan impresionado con el pensamiento de la misma, que perdió la razón. Parece bien establecido que aquellos que se especializan en la enfermedad generalmente mueren de su especialidad, una creencia en lo que es negativo. Así también, es bien sabido que la materia médica rara vez cura el cáncer y enfermedades similares, porque se ocupa de la enfermedad; mientras que la ciencia mental diariamente cura un gran número de estos casos porque no ve el "caso" sino solo la perfecta expresión de la vida. Hemos sabido de tumores que desaparecen en una noche, cánceres y otros padecimientos desaparecen corporalmente por el reconocimiento del elemento positivo o la presencia de la vida en su totalidad.

Solo podemos llegar a una conclusión: la manera de curar los problemas, las necesidades y los males de la vida es olvidarlos y en su lugar poner la mente en lo bello, lo bueno y lo verdadero. Éstos se convierten en tu ideal y resuelven automáticamente tu problema. Cada vez que se te presente un problema de carencia, en cualquier cosa, simplemente selecciona el factor bueno o positivo que antes te faltaba y centra tu mente en eso, excluyendo todo lo demás. Como el sueño funesto de la noche, como la pesadilla con sus horribles sombras de irrealidad, todo lo que es falso, erróneo, enfermo y trágico huye cuando nos despertamos del sueño de la ignorancia y el miedo a la verdad de que Dios es todo en todo, y fuera de él no hay otro. Esta fue la suprema enseñanza del Maestro metafísico. El metafísico supremo es aquel que sabe en su corazón que solo existe el bien y solo Dios.

REALIZACIÓN

Yo no estoy afligido. Dios es todo y no hay otro más que él. Él guarda; él mantiene; él sostiene; él ama. No me sobrevendrá ningún mal, ninguna plaga se acercará a mi morada. Él da órdenes a sus ángeles para que me cuiden en todos mis caminos.

Yo soy libre en la conciencia de la verdad. Soy uno con el Padre en la conciencia de la vida. Solo veo lo bueno y lo verdadero. Nunca me permitiré ver otra cosa.

Dios es todo. Llevo conmigo en mi corazón esta canción que canta en mi alma todo el día: No admito ningún pensamiento de enfermedad, carencia o miedo; solo admito la verdad, el amor y la vida. Estos son de Dios, y son míos.

Dios es el único poder que hay. Y todo lo que el Padre tiene es mío. Yo lo acepto y estoy completo.

Doy gracias. Que así sea.

LO QUE TEMO

"Lo que más temía, me sobrevino". Este es un dicho verdadero. ¿Pero, por qué? Porque esa es exactamente la forma en que funciona la ley. La Inteligencia Creativa Universal toma la impresión más fuerte de nuestro pensamiento como su modelo y comienza a crear cada cosa según su tipo. Si el miedo es nuestro pensamiento, entonces ese es nuestro modelo y se nos hace según lo que pensamos. Como vimos en la lección sobre el "Mal", la ley es neutral e impersonal, y al no tener elección propia, actúa según nuestra elección. Nuestro pensamiento y fe son el modelo sobre el cual construye la ley, y si deseamos una hermosa casa debemos tener hermosos planos. No podemos esperar una "mansión en el cielo" si nuestros planos indican una casa para perros en la tierra.

Los psicólogos nos dicen que cada acción mental tiene una correspondiente reacción física de algún tipo. Entonces, tener miedo en nuestro pensamiento es hacer que se materialice de la misma manera. La enfermedad es lo que aparece en el cuerpo para corresponder a alguna imagen del pensamiento que tenemos, ya sea consciente o inconscientemente.

Por lo general, nosotros mismos podemos rastrear nuestros problemas hasta su origen mental, pero no siempre, porque a menudo es algo inconsciente. Con frecuencia encontramos que la imagen fue producida por una conmoción de algún tipo, como la muerte o el accidente de un ser querido. O tal vez a alguna historia que hemos leído o escuchado. O puede deberse a la creencia racial o sugestión del miedo y la enfermedad y la creencia en ello. O puede deberse a nuestra forma general de ver las cosas sin ningún pensamiento específico o especial. O puede deberse a alguna prevaleciente creencia actual en la enfermedad, como en una epidemia. Quien es sensible a las impresiones mentales está abierto a las sugestiones más sutiles de las muchas mentes a su alrededor. En el caso de la gran epidemia de influenza, que se debió al pensamiento caótico del mundo, al miedo, a la preocupación y al odio, encontramos muchas mentes abiertas a ello. Sin embargo, aunque un gran número murió a causa de este pensamiento-de-miedo, sabemos que aquellos que recibieron tratamiento mental se curaron fácilmente y rápidamente. Hubo casos en todos los grados y progresos de la influenza, pero cedieron rápidamente al tratamiento. Por el reconocimiento de la perfecta paz y tranquilidad en la Mente Divina, en la cual vivimos, nos movemos y tenemos nuestro ser, y la cual nos vive, nos mueve y es el Ser en nosotros, un gran número de personas se curaron en un solo tratamiento; e incluso mientras llamaban por teléfono para pedir ayuda, se sanaron.

Cada una de nuestras palabras, pensamientos y sentimientos, encuentra expresión en nuestro cuerpo o personalidad. Cada palabra o pensamiento es un soberano, aunque sea rey por un instante; y la ley es su sirviente. Nuestra personalidad es el conjunto de nuestro pensamiento expresado en forma. La totalidad de nuestro pensamiento nos hace ser lo que somos. El conjunto del pensamiento de una persona sana es saludable, por lo tanto, tiene salud. El enfermo crónico es aquel cuya mente, consciente o inconscientemente, se concentra más en la enfermedad que en la salud.

Algunas personas siempre parecen ser desafortunadas. Ellos se lo esperan, y la ley trabaja su desgracia hasta su amarga conclusión. Otros son proverbialmente "afortunados". Esperan la suerte y, por lo tanto, la buena fortuna les sonríe. Nuestras actitudes mentales controlan nuestro destino. Las personas que triunfan son aquellas que esperan el éxito y las personas que fracasan son aquellas que más temen al fracaso. Por supuesto, en cualquier caso particular no siempre es posible rastrear el pleno funcionamiento de la ley de causa y efecto, porque intervienen muchos elementos. A menudo, los habitualmente temerosos tienen días de esperanza y los habitualmente esperanzados tienen días de miedo. Lo que todos debemos hacer es elevar el conjunto de nuestro pensamiento a la salud, la riqueza y el amor, para que pueda superar cualquier cantidad posible de pensamiento negativo.

Todos necesitamos elevar nuestro pensamiento al punto más alto de alegría que podamos para poder contrarrestar las corrientes de miedo en las que podemos dejarnos arrastrar por un tiempo. En estas corrientes, cada uno de nosotros a veces tiende a ser arrastrado por una falsa idea de compasión. Nos permitimos "sentir lástima" por nosotros mismos o por otra persona. El corazón de gran compasión naturalmente se dirige con amor hacia aquellos que están en el camino del error, la tristeza o la pérdida. Esto es correcto y natural. Pero muchos de nosotros permitimos que este sentimiento se degenere en lástima, no por ellos, sino por su desgracia. En lugar de hacer lo que podemos para aliviar el sufrimiento, simplemente nos lamentamos y "simpatizamos" con el error, permitiéndonos así sentir la realidad del "mal" o la negación y haciéndonos uno con ella. La compasión de este tipo es mala. No te dejes llevar por ella. No te permitas caer en ella. ¡Qué fácil es querer que los demás se apiaden de nosotros, que nos compadezcan, que sientan pena por nosotros! No solo es un gran signo de debilidad, también es muy egoísta y nos abre a todos sus pensamientos negativos sobre nosotros. «No dejaré que nadie me tenga lástima», dijo una de las mujeres más nobles que conocí, cuando trabajaba mucho más allá de su fuerza normal. Con un esposo inválido, una familia y grandes responsabilidades, aun así, ella no permitía que se mantuviera esa actitud mental hacia ella. Al final se elevó por encima de sus dificultades.

Jesús hizo una notable declaración. Él dijo: "El Príncipe de este mundo viene y él no tiene nada en mí". ¿Qué quiso decir? Quiso decir que ningún pensamiento de carencia, de maldad o de miedo podría entrar en su mente, porque en él no había nada que lo atrajera. El pensamiento negativo viene soplando, pero no puede "soplar" en la mente que es positiva, porque no hay nada en esa mente para atraerlo o retenerlo. Por lo tanto, el mal no puede convertirse en una realidad para esa alma. Esta es la razón por la que debemos colocar la mente en las cosas más elevadas porque mantiene la mente positiva solo para lo mejor y lo peor no puede "tener parte en nosotros" porque no "encuentra nada en nosotros".

¿Nos ayudará esta verdad a deshacernos de nuestros miedos? No lo sé. Debemos estar prevenidos contra el pensamiento erróneo. Debemos saber que nuestros miedos nos destruirán, entonces, debemos olvidarlos. No debemos permitirnos decir: «Bueno, espero ser destruido por estas cosas negativas». Más bien debemos olvidarlo todo, volviendo nuestro pensamiento a las cosas más elevadas y mejores en las que podamos encontrar interés. "¿Por qué dudan, gente de poca fe?" pregunta el Gran Maestro. Constantemente él dice "Anímate".

"No se preocupen por su vida, qué comerán o qué beberán; ni por su cuerpo, qué vestirán. Porque la vida es más que el alimento y el cuerpo más que la ropa. Considera a las aves del cielo, que no siembran, ni cosechan, ni recogen en graneros y, sin embargo, Dios las alimenta. ¿No son ustedes de mucho más valor que ellas? ¿Y quién de ustedes, por mucho que se preocupe, puede añadir un solo codo a su estatura? Considera cómo crecen los lirios del campo; no trabajan, ni hilan; pero les digo que ni aun Salomón en todo su esplendor se vistió como uno solo de ellos. Y si Dios viste así la hierba del campo, que hoy es y mañana es arrojada al horno; ¿no hará mucho más por ustedes, gente de poca fe?... Tu Padre sabe ... No temas, pequeño rebaño, porque el Padre ha decidido darles el reino".

Es la fe y el amor lo que resuelve nuestros problemas.

Es el amor. El amor camina sobre las olas para calmar el turbulento mar de la vida. El amor calma la tormenta y lleva el frágil barco a un puerto seguro. El amor dice: "Soy yo, no temas". Es el amor el que dice: "He aquí, yo estoy contigo siempre, hasta los confines de la tierra".

Es el amor el que levanta la carga,
el amor que aligera cada tarea;
No temas, sino deja de luchar.
El amor te dará todo lo que pidas.
El amor es Dios, y todo a tu alrededor
respira su presencia en el aire.
Manos invisibles se levantan para ayudarte
por la presencia en todas partes.

El Amor es vida; sus crecientes olas
barren las mareas alrededor del naufragio,
lo levanta y lo lleva al océano
con el capitán en la cubierta.
Tú, el capitán; Dios, el océano,
El Amor es el poder que mueve la marea:
Pilota más allá de la valla y de los rompientes,
El amor está actuando como tu guía.

REALIZACIÓN

Dios está en su cielo y todo está bien con el mundo; no temeré mal alguno porque tú estás conmigo. Ningún mal me sobrevendrá y ninguna plaga se acercará a mi morada. Él ha dado a sus ángeles órdenes acerca de mí para guardarme en todos mis caminos. Me llevarán en sus manos para que mi pie no tropiece en piedra. Yo soy guardado por el amor perfecto que echa fuera todo temor. El miedo no puede acercarse a mí porque mi mente se mantiene en lo más alto y lo mejor.

* A continuación, razona contigo mismo. ¿Cómo puedo escapar de esto? Seguramente no puede ser temiéndole.

Te miro mentalmente a la cara y te desafío, desaliento y miedo. No tienes parte en mí porque yo estoy por encima de ti. No me compadeceré de mí mismo porque eso solo hace que mi miedo sea más real.

* Supongamos que tienes la sensación de padecer una terrible
enfermedad. Temerlo solo lo empeorará. No se conoce ninguna enfermedad que no ceda ante la verdad y la fe de aquellos que están decididos a estar bien, y la manera de recuperarse es dejar de temer y comenzar a tener pensamientos saludables y esperanzadores.

Yo sé que todo el poder me es dado en el cielo y en la tierra. Usaré este Poder de Dios en mí y estoy agradecido por ello.

Los pensamientos de autocompasión y miedo no tienen ninguna influencia en mí. No permitiré que nadie me tenga lástima, porque eso solo hará que esto se fije en mí.

El Príncipe de este mundo, el miedo y la enfermedad, vienen a mí, pero no encuentran una bienvenida aquí. No hay nada en mí que les dé la bienvenida. Sí, el amor perfecto expulsa de mí todo temor.

* Si se trata de miedo al fracaso en los negocios, trátalo de
la

misma manera. Temerlo es atraerlo hacia ti. No puedes hacer nada bueno preocupándote. Eso solo reducirá tus fuerzas en una emergencia.

Aquel que viste al lirio velará por mis intereses. Yo estoy seguro en la confianza de que si este asunto en particular falla, habrá algo mejor para mí.

* Hemos conocido muchos casos en los que el fracaso actual fue simplemente el preludio de un mayor éxito. A veces, los pensamientos acumulados de fracaso, tristeza o inarmonía han sido barridos por inundaciones, incendios o bancarrotas solo para dejar la mente limpia para un mayor logro. Así, miles de personas han empezado desde abajo para subir aún más alto en el nuevo trabajo. Temer al fracaso no ayudará. Tener fe, esto es lo más esencial. Tener fe en ti mismo. Tener fe en los demás. Tener fe en el futuro. Tener fe en Dios. El coraje y la fe son la mitad de la batalla. La determinación, la voluntad y el trabajo son la otra mitad. Tú puedes, si crees que puedes.

Yo sé que puedo tener éxito y tendré éxito. Yo soy el éxito. Yo soy el coraje. Yo soy la fe. Yo soy la victoria. La fe es la victoria que vence al mundo, y tengo toda la fe que existe.

* Luego, concentra tu pensamiento por un momento en lo positivo que deseas. Decide que tendrás lo mejor y solo lo mejor. Si no sabes ahora qué camino seguir, hay una Mente en ti que sí sabe. Depende de ella. Decide ser guiado por la Sabiduría Divina que habla a través de ti. Sale con fe en el

nuevo proyecto de salud, riqueza o amor y espera grandes cosas. El espíritu en ti pronto te guiará a lo mejor.

Ahora dejo que este bien venga a mí. Que venga de la mejor manera posible. Déjame ser guiado por la Sabiduría Divina. Déjame ser prosperado. Tú me das por encima de todo lo que pido o pienso, y estoy satisfecho de que todo está bien conmigo. Te doy las gracias.

* Dedica un momento a la Sabiduría Divina dentro de ti, y sigue tu camino con una canción en tu corazón. Deja que te sea hecho, así como quieres.

¡Que así sea!

NADA IMPORTA

Muchos de los males del mundo se deben a los sentimientos heridos y a la preocupación por lo que dicen y hacen los demás, por eso necesitamos un nuevo lema. Probemos este: «Nada importa».

Jesús dice: "¿A ti qué? Tú sígueme". Eso no tiene nada que ver contigo, a menos que tú lo permitas. ¿Por qué permites sentirte preocupado y molesto si alguien parece preferido antes que tú? Hay suficiente para que hagas. Tienes tu lugar en alguna parte. ¿Qué te importa si tu vecino se comporta de manera poco amistosa? No tendrá la oportunidad de lastimarte a menos que te importe. ¿Por qué has de ir con el corazón dolorido porque las personas no siguen tu consejo o insisten en hacer las cosas de manera diferente a la que tú apruebas? ¿Acaso eso les hará cambiar? Supongamos que algún miembro de tu familia es un poco maleducado o incluso grosero, ¿no ves que solo lo estás agravando al darle importancia? Cuando muestres tu indiferencia, no de forma desafiante, sino realmente no "permitiendo que te importe", verás que las cosas cambian.

Tú dices: «¡Los negocios van mal y debo preocuparme!» La preocupación solo acelerará el final. Necesitas cuidarte para tener la mente clara para actuar en caso de emergencia o un cambio para mejor. Repite: «Nada importa». Las personas sensibles siempre están sufriendo alguna nueva forma de tortura mental. Y aquello por lo que sufren no importa tanto después de todo. No sufrirían en absoluto, si se negaran a molestarse. Y si realmente te importa mucho, no puedes remediar las cosas "preocupándote". Realmente estás siendo negativo y solo estás sufriendo. Nunca podrás sacar el máximo provecho de la vida si dependes de algo o de alguien para tu felicidad. Debes liberarte de la dependencia de todo. De lo contrario, estarás sujeto al azar y a los cambios. Te convertirás en una víctima de las circunstancias. Solo disfrutarás realmente de los amigos y de las cosas cuando sepas cómo vivir sin ellos. ¿Harás de tu amigo una necesidad? Entonces lo convertirás en tu sirviente. Más bien deberías decir:

—"Sacaré toda la alegría de este momento. Hoy es todo lo que hay. Si mañana se va o busca compañía en otro lugar, entonces ya hemos sacado todo lo que tiene valor entre nosotros. Acompañarlo ahora sería avivar las brasas para hacerlas brillar y hacerme pensar que hay fuego. No importa; yo debo continuar con nuevas experiencias".

Asimismo, también debes saber cómo vivir sin las cosas o te convertirás en su esclavo. Más bien, debes sacar de todo la esencia de la alegría del momento, y como la abeja sorbe el néctar y pasa, así tú pasas de bien en bien porque ninguna cosa se ha convertido en una necesidad para ti. Toma todo, pero no te aferres a nada; entonces las cosas se convierten en tu sirviente, no tú en su esclavo.

Temer a la pérdida, sentirse herido, llorar por lo que se va, es dar realidad al lado negativo de la vida y atraer un mal mayor en su cadena. Por la ley de la atracción, atraemos cosas externas que correspondan a nuestro pensamiento y sentimiento interno, y pronto lo que tanto temíamos llega a nosotros. Más bien digamos: «¿Y a mí qué? Realmente no me importa. Ahora empiezo a olvidar». Entonces estamos listos para el pensamiento positivo. Luego presentamos a la Mente Creativa la imagen del bien que deseamos y la ley de correspondencias nos lo traerá. Pedimos a la ley todo lo que deseamos, desde amigos a la fortuna, pero no pedimos este amigo en particular ni esa idéntica fortuna. Eso es hipnotismo y dictar a la ley cómo debe funcionar. Eso podría ser pedir algo que nos haga daño. Más bien debemos mantener la idea perfecta del bien que buscamos y dejar que la Mente Divina la especialice para nosotros y la manifieste en forma. Debemos seguir la orden: "Sígueme". No debemos seguir lo negativo, sino lo positivo; debemos buscar primero el reino de la conciencia, el espíritu interno y la fe en la vida, y todas las cosas nos serán añadidas.

¡Empecemos a olvidar!
Hay tantas cosas que dejar en las tumbas:
odios muertos y temores, y dudas que flagelan
y todas estas pequeñas faltas que apenas valen un gemido.
¡Hay tantos días oscuros que hemos tenido!
¡No sirve de nada lamentarse!
¡Intentemos olvidar!

¡Empecemos a olvidar!

Un pensamiento de envidia no es un huésped agradable,
Y un odio alimentado no deja paz ni descanso;
una lágrima no es algo que atesorar; y ninguna lucha
se convierte en una piedra angular para una vida más plena.
¡Alejémonos de la pena y la angustia!
Empecemos a olvidar.

REALIZACIÓN

Ahora he entrado en el lugar secreto del Altísimo. Estoy descansando en la presencia del Espíritu. El mundo está excluido. Estoy encerrado en el templo de mi alma. Estoy en contacto con todo lo que es. Estoy sacando de los manantiales de la vida, la paz y la abundancia.

Yo espero en el Señor para que renueve mis fuerzas. Mi mente está abierta, mi alma es receptiva, mi cuerpo recibe el toque sanador.

En esta vasta quietud del espíritu no tengo miedo ni me siento perturbado. Ningún mal me puede ocurrirme aquí. Nada negativo importa, porque no tiene poder real y no le tengo miedo.

Yo solo veo lo bueno, solo escucho lo bueno. Ahora todo me parece bueno y hermoso.

Yo confío en el poder restaurador y creativo del espíritu. Yo tengo fe en Dios y estoy satisfecho.

Doy gracias.

VALOR RECUPERADO

La vida no está en el cuerpo sino en el espíritu. Su duración no debe medirse por la fuerza física o animal, sino por el espíritu interno. Las personas que han vivido hasta una "edad madura" de ninguna manera han sido solo aquellas que comenzaron con un físico robusto. El atleta es un tipo de individuo, pero no el más elevado. El ser humano consiste en otras cosas además del cuerpo. La principal preocupación de la metafísica no es mejorar el cuerpo, sino lograr que la mente reconozca su bienestar y las fuentes internas de la vida. Cuando esto se logra por completo, el cuerpo se cuidará solo. Entonces, ¿por qué deberías desanimarte si en este momento no tienes todo el vigor físico que deseas? Te llegará por sí solo cuando tengas la mente en orden. Además, el vigor físico no está necesariamente en el tamaño de los músculos. Es un hecho bien conocido que la voluntad del individuo prolonga la vida más allá de la medida habitual. Aunque tengas largos períodos de "altibajos" de bienestar físico antes de alcanzar la salud perfecta, eso no debería desanimarte. Vivirás el mismo tiempo, y las experiencias por las que estás pasando ahora pueden llevarte a un reconocimiento más claro de algunas de las verdades que quieres saber.

Nadie debe desanimarse si no ha logrado un progreso constante y consistente en algo, ya sea física, mental o espiritualmente. El camino de la vida humana generalmente se encuentra en los abismos del monte, así como en la cima de la montaña, y hay valles de visión, así como montañas de visión, como nos muestra la Biblia. Tanto en el valle como en la montaña es posible ver las estrellas. Esto no significa que debamos contentarnos con las vistas más estrechas del valle, sino que muestra que incluso al comienzo del curso tenemos inspiración para esforzarnos, ya que tenemos una estrella de visión desde el primer paso.

La historia y la ciencia coinciden en mostrar que el progreso, mental, físico y espiritual, se produce a través de un proceso muy parecido al aumento de una marea. Las olas ruedan en la playa y retroceden, ruedan y retroceden; y la marea gana en la tierra, casi imperceptiblemente. Sin embargo, cada ola ambiciosa que se presenta se lanza un poco más lejos que cualquiera de las anteriores, y al pasar las horas, el punto más alto de la marea finalmente se alcanza. Un estudio de la botánica revela este proceso en el crecimiento de las plantas. Se nos dice que la planta se dispara hacia arriba durante un tiempo, luego se agacha o retrocede como si quisiera conservar su fuerza. Luego repite el proceso, y así crece. Tomemos otra ilustración. En los campos de batalla los soldados a veces cruzan la línea y hacen grandes progresos. Su ambición es correr rápidamente por los campos abiertos y derrotar al enemigo; pero esto no se puede hacer. Deben retrasarse, un día, dos días, una semana. Deben conservar los resultados ya obtenidos; deben prepararse para otro avance exitoso. Lo mismo ocurre en la ciencia mental. No puedes vivir todos los días al mismo nivel de intensidad. Parece que retrocedes. En realidad, si tienes la actitud científica, estás conservando los resultados para otro avance.

Ahora bien, no debes suponer que tú mismo siempre serás consciente de este proceso que ocurre en tu interior. Una semilla plantada en la mente subjetiva sigue creciendo por sí misma. Si has plantado allí una verdadera semilla de confianza en el poder curativo de la mente, si la semilla es la confianza específicamente de que está siendo eliminada la dolencia de la que ahora pareces estar sufriendo, entonces el proceso continúa sin la atención consciente de tu mente. Incluso puede haber momentos de depresión en los que piensas que tu fe en el asunto ha desaparecido, pero si debajo de todo eso hay una tendencia constante del pensamiento hacia la salud y la felicidad, en ese caso, el proceso aún continúa dentro de ti. Esa es una razón para tener un sanador. Él sabe, incluso cuando tú no sabes, que éste es el proceso infalible. Aunque por el momento tu mente consciente sea rebelde y sientas dolor o infelicidad, él no lo reconoce. Solo te ve como eres potencialmente: bien y completo. Él planta la semilla de la salud en el gran interior de tu mente y tu alma. Crecerá allí, a menos que seas demasiado rebelde para desarraigar la semilla por completo. Debes despertar a la necesidad de una mayor confianza. No tienes la culpa por la condición en la que te encuentras, sino de la causa. Debes tener más fe. El miedo, la preocupación y la tensión nerviosa son efectos, no causas. No tienes la culpa de los efectos sino de las causas. Confía, es el único camino. Si es necesario, repite para ti mismo:

—"No sé exactamente cómo funciona esto; lo que sí sé es que he tenido la luz suficiente para mostrar que ésta es mi única salida. Por lo tanto, la seguiré. Creeré en el proceso, aunque todavía no puedo ver los resultados, ni sentir el funcionamiento de la ley".

Colón partió con fe hacia un nuevo mundo. Tú estás partiendo a un nuevo mundo. Si no me equivoco, ya casi has llegado al punto en que la tripulación quiere encadenarte y llevarte de nuevo a casa, aunque solo estás a unas pocas millas de la costa del nuevo país. No dejes que estos pequeños demonios de la duda se apoderen de ti. Insiste en llegar a la nueva tierra.

¿Has observado alguna vez la luz de un faro en una costa peligrosa? No brilla con un resplandor constante. La luz atraviesa la penumbra por un momento y luego desaparece. La experiencia ha demostrado que este es el tipo de luz más exitoso. La fe es ese tipo de faro. El entendimiento es ese tipo de faro. Viene en destellos. Llega a ti un destello y luego otro. O puedes comparar la luz con los destellos que te han llegado desde las mentes de faros. Iluminan tu camino por un momento, luego se alejan para permitirte avanzar con tu propia luz y no con una luz prestada. Ahora reconocerás las señales y te abrirás camino hacia el puerto. Si el camino a veces puede parecer oscuro y temeroso, recuerda el principio del faro, míralo y sigue navegando.

No tienes nada que temer. Tu caso no es inusual. No te has lanzado lo suficientemente lejos en las profundidades. "Deja que la línea de la orilla se vaya". Navega hacia el puerto de tu alma y de la salud.

El alma verdadera nunca acepta la derrota.

¿Derrotado? ¡Nunca! Retenido, confinado, tal vez;
pero solo como la corriente de un arroyo
El caudaloso torrente de mi vida sigue acumulándose
y arremolinándose, amenaza el rayo obstructor.

¿Desanimado? Niego la imputación;
Las fuerzas silenciosas de mi vida fluyen;
La profunda resistencia del alma se fortalece
y todos mis miedos al enemigo y al destino desaparecen.

Porque sé que algún día el canal se abrirá
Y mi decidida voluntad tendrá derecho de paso
Yo espero, pero reúno fuerza cada hora de espera
Y desprecio el cobarde susurro de abatimiento.
Por encima de la represa yacen las aguas, pero más profundo,
Los turbulentos remolinos muestran más de la vida:
Quien mide la fuerza con el destino tiene músculos más fuertes.
Emerge más un individuo de cada conflicto.
Lucha valientemente, no prestes atención a las fuerzas opuestas.
No hay fuerza que pueda controlar tu ingenio.
Dios envía su lluvia para cebar tu inundación,
que levantándose barre todo ante la embestida de tu alma.

REALIZACIÓN

Tres veces al día, a intervalos regulares, busca tres o cuatro minutos de tranquilidad y perfecta relajación, y repite lo siguiente:

"Con Dios todo es posible. No temeré ningún mal porque tú estás conmigo. Tengo fe en Dios.

Todas las cosas trabajan juntas para el bien de aquellos que aman a Dios. Yo estoy descubriendo la nueva tierra".

Dilo con firmeza y confianza. Esto te pondrá en el estado correcto para el funcionamiento de la ley más profunda.

IMAGINACIÓN CREATIVA

La mente humana es naturalmente imaginativa; el individuo normal ve cosas en visiones, sueña sueños —todas las personas normales lo hacen.

No se trata de un cerebro desequilibrado. Shakespeare dice en "El sueño de una noche de verano":

"El lunático, el enamorado y el poeta
son todos compuestos de la imaginación".

Y una de las razones por las que no se ha prestado más atención a esta facultad creativa ha sido este mismo hecho de que la imaginación aparece en los sueños, la fantasía, la intoxicación y la locura, así como en la filosofía, la poesía y el genio inventivo. Hemos apagado las significativas palabras de Shakespeare con la observación de que, por supuesto, todo enamorado es un lunático que imagina que puede escribir poesía, y decir que "el lunático, el enamorado y el poeta son todos compuestos de la imaginación" es una forma poética de decir una sola cosa: que la imaginación es el equivalente mental de la locura. Sin embargo, hay demasiadas evidencias del poder del pensamiento creativo en la imaginación para ignorarlo, y descubriremos que la imaginación tiene algo más que alas de vaporosas. Gregory, autor de un libro de texto sobre psicología, dice:

"En la imaginación creativa, el proceso principal es la construcción según tres leyes: lo verdadero, lo bello y lo bueno. Estos son los actos más elevados de los cuales el genio humano es capaz"

Otro escritor afirma que:

"Si no fuera por la imaginación, las mejoras en las artes y las ciencias y, por lo tanto, en las condiciones generales de los pueblos, se deberían enteramente a la casualidad".

¿Qué es la imaginación?

Entonces, ¿qué es esta gran facultad que influye en el destino de los pueblos, que constituye la base de una fe y hace que el curso del amor verdadero sea áspero o suave? Es el acto o poder de la mente que toma todas las experiencias del pasado y del presente, todos nuestros pensamientos y observaciones en el regazo de la memoria, y luego, como un niño con sus bloques, los toma uno por uno y construye una estructura como el modelo del pasado, es decir, reproduce el pasado o los moldea en nuevas formas y combinaciones completamente diferentes de las antiguas. En un caso ayuda a la memoria, en el otro crea y es la incubación del arte, la invención, la ciencia y el descubrimiento.

El Uso de la Imaginación

El gran Maestro recomendó que ejerciéramos el poder de visualización de la imaginación, diciendo: "Todo lo que pidan en oración, crean que lo han recibido, y lo recibirán". Esto es imaginación trascendente. No solo requiere que veamos clara y completamente, sino tan clara y tan completamente que sea como si ya lo hubiéramos reconocido objetivamente. Se nos pide que formemos una imagen completa de lo que deseamos, que lo veamos en su totalidad, como una cosa perfecta, tal como será cuando la recibamos. Esta es la psicología fundamental de ello; no puedes recibir lo que no comprendes; debes tener un ideal de lo que deseas. Y la formulación de este modelo o ideal es obra de la imaginación. Y es solo cuando un individuo sabe lo que quiere, que puede esperar lograrlo.

Es en este poder formativo de la imaginación, que crea un ideal hacia el cual un individuo puede aspirar, que encontramos la base de los movimientos metafísicos modernos, tanto en materia de salud como de prosperidad. Por muy inteligentes que sean sus seguidores en cuanto a la naturaleza fundamental del proceso, éste es el secreto esencial de la actividad y el éxito del movimiento.

En efecto, esto sería más exacto con respecto a la salud. Primero, está la imagen de un cuerpo perfecto, la imagen del órgano perfecto, que es la creación de la imaginación. Luego, cada gota de sangre que destila el corazón lleva la huella de esa idea, lleva su preciosa carga al órgano afectado, la pinta con la perfección de su propio pigmento. Al mismo tiempo, el nervio y la neurona llevan el imperioso mandato del cerebro de que todo debe estar bien allí. El pensamiento se centra en ello y todas las fuerzas vitales que actúan en obediencia a la voluntad tienden a restaurar el tejido dañado. Esto nos ayuda a comprender por qué debemos insistir en la idea de perfección. El ser humano, la idea perfecta, es idealmente un organismo perfecto. Esta es una buena psicología, porque cuanto más fino sea el modelo, más perfecta será la producción. Si podemos "imaginar" la perfección a pesar de la declaración inmediata de los sentidos, tenemos el modelo más satisfactorio para modelar cuerpo, la mente y el entorno.

La Importancia del Pensamiento

Creo que de esto se desprende claramente que es de incalculable importancia que todo lo que entre en la mente sea de la más alta calidad y carácter, ya que proporcionará el material con el que se harán los modelos de las cosas. La imaginación es tanto constructiva como destructiva. Puede hacernos, así como deshacernos. Si colgamos en las paredes de la memoria imágenes de pasión, odio, lujuria, avaricia, asesinato, suicidio, robo, los rostros demoniacos del pecado — que asoman desde la primera hoja del periódico— con pensamientos de fracaso, pobreza, enfermedad y muerte, al final utilizaremos estos pigmentos para pintar la vida de nuestro propio futuro. O si mezclamos imágenes buenas y malas, cincelaremos un personaje tan espantoso como el centauro con cabeza y torso de hombre y cuerpo de caballo; o el monstruo de fábula con cabeza de humano, cuerpo de león, y alas y garras de águila, o de la grotesca gárgola en el techo del templo que representa al demonio expulsado del recinto sagrado.

Nuestro Futuro está Bajo Nuestro Control

Nada me parece más claro que el individuo tiene mucho control sobre lo que será su futuro mediante el adecuado ejercicio de su imaginación. La naturaleza nos ha dotado de ricos poderes; es una lástima que los hayamos vinculado con la locura o los hayamos desechado como una forma de fanatismo, la única posesión de alguna fe religiosa. Y es una lástima que hayamos criado a nuestros hijos sobre esta base. La imaginación es la característica principal de la infancia.

"Arrastrando nubes de gloria
Venimos de Dios
que es nuestro hogar.
El cielo nos rodea en nuestra infancia".

El niño vive la mayor parte del tiempo en un mundo alejado de la evidencia de nuestros sentidos; su bloque de madera es una locomotora de alta velocidad con ruedas voladoras, el canal en el que navega su bote es el azul ilimitado del mar, y carga el barco de su esperanza con los tesoros del almacén de su mente, y mueve las velas y vuela ante los vientos impulsores hacia el puerto del deseo de su corazón. Sus objetos inanimados tienen vida, se ríen y cantan, lloran, caminan y luchan por todo el mundo, como los héroes míticos de Grecia y Roma. Todo niño tiene instinto creativo.

Cultivar la Imaginación en el Niño

La naturaleza proporciona facultades de imaginación. La falla con nosotros es que comenzamos a golpear a los niños a una edad temprana. No literalmente, sino en sentido figurado, aunque no faltan pruebas de que utilizamos algo más que la persuasión moral para este fin. Pero la imaginación merece un mejor destino, debe ser aprovechada para crear un carácter y un mayor destino.

Hay suficiente poder en la infancia para producir el carácter y el destino, más allá de todo lo que el mundo haya presenciado, si se pudiera sacar adelante. La naturaleza proporciona el molde para la materia prima en la imaginación. Solo queda disciplinar esta imaginación, ponerla bajo el control de la voluntad, enseñarle al niño cómo probar sus productos mediante el juicio, no solo para convertirlo en el factor educativo más fuerte en nuestras escuelas, sino también en el poder impulsivo hacia un destino elevado para el individuo y la raza.

El Peligro

Creo que he dicho lo suficiente para demostrar que la imaginación, si se pone en funcionamiento adecuadamente, tendrá un valor supremo en la creación de salud, éxito, carácter y destino. No es un extraño poder esotérico. Y es mediante el uso de esta fuerza en fuerte conjunción con esas otras admirables fuerzas con las que el individuo ha sido dotado por la Providencia, que podemos crear para nosotros un mundo cada vez más amplio. Nuestro destino está en nuestras propias manos; siguiendo la ley podemos elevarnos de altura en altura.

Henri Bergson, el profeta del idealismo, dice:

"En un ser consciente, existir es cambiar, cambiar es madurar; madurar es seguir creándonos infinitamente".

Sabiamente podemos utilizar nuestros poderes para una existencia cada vez más amplia.

REALIZACIÓN

"El que cree en mí, las obras que yo hago,
él las hará también".

Yo sé que esto se refiere a mi propia naturaleza espiritual.

Yo creo en el Cristo inmanente.

Yo creo en el "Cristo dentro de mí, la esperanza de gloria".

Yo creo en la gran naturaleza del espíritu en mí.

Confío en que tengo el espíritu de vida, amor y libertad en mí.

Confío en que el Maestro enseñó verdaderamente cuando dijo: "Obras mayores que éstas harán" y "Todo el poder me es dado en el cielo y en la tierra". Por lo tanto, ahora yo creo en las obras que seguirán a mi palabra de fe y hoy pronuncio esa palabra con perfecta serenidad de espíritu. "Hágase en mí, según mi deseo".

Ya está hecho y estoy contento y agradecido.

Yo soy guiado. Yo soy prosperado. Yo soy bendecido. Yo soy inspiración para todas las personas, porque soy fiel a Dios y a sus promesas.

Daré gracias por el don de la vida y la fe.

Que así sea.

ENFOQUE

Ningún principio de la metafísica es más esencial que el enfoque. Debemos tener una idea o imagen real y debemos adherirnos a ella. La Biblia expresa claramente este principio. Leemos: "Una cosa he demandado del Señor, eso buscaré". O, "Una cosa hago: prosigo avanzando hacia la meta del supremo llamamiento". O, también, "El que duda es como una ola del mar, que es movida por el viento y sacudida de una parte a otra. No piense, tal hombre, que recibirá algo del Señor".

Vemos aquí que hay una demanda doble: Primero, que decidamos definitivamente lo que deseamos. Segundo, que nos neguemos a seguir cambiando el deseo. La razón de esto es clara para el metafísico. Él sabe que obtendrá de la Gran Mente Creativa solo lo que imprime en esa Mente. Por ejemplo, supongamos que un trabajador en hierro está fabricando el motor de un automóvil. Para ello, debe formar su molde de arena con la forma deseada y luego introducir el hierro fundido. La forma deseada debe ser la de un motor, y nada más. Si el moldeador se descuida de la forma del molde, el hierro moldeado tendrá una forma indefinida.

Por el mismo principio, el demostrador debe reconocer que su pensamiento es el molde o patrón que la Mente Creativa debe seguir. Debe modelar su pensamiento definitivamente; y en el molde, la fuerza creativa fluirá según el principio de que el flujo de sustancia y energía es siempre *in vacuo*, que en este caso es la actitud de expectativa definida. Y recibimos del Espíritu solo lo que esperamos recibir. El Espíritu está dispuesto a derramarse en toda su extensión, pero nunca puede llenar un espacio diferente al que está preparado. Cristo ilustra esto cuando dice:

"He aquí, yo estoy a la puerta y llamo. Si alguien abre, entraré y cenaré con él y él conmigo".

Nosotros debemos abrir la puerta. El Espíritu Creativo solo entra por la puerta que está abierta y el espacio que está preparado. Entonces, debemos tener una idea definitiva, positiva y perfecta de lo que deseamos. Teniéndola, debemos aferrarnos a ella y nunca vacilar ni en la imagen de lo que queremos ni en nuestra expectativa de recibirlo.

En el momento en que proyectas un deseo o creas una imagen y dices: «Ahora dejo que esto sea, dejo que se exteriorice en hecho», en ese momento, has iniciado el proceso creativo. El Espíritu toma esa imagen y comienza a trabajar sobre ella. Si lo dejamos tranquilo y esperamos fielmente, es decir, con fe, finalmente se materializará. La imagen o prototipo se ha convertido en una realidad en el reino de la mente o el espíritu. Es la semilla que implica la planta y la flor que, por la ley del crecimiento, finalmente madurará. Podemos hablar de ese prototipo como en tiempo presente, y decimos: «Tengo una digestión perfecta». Ahora, en este momento, podemos estar manifestando una digestión imperfecta, pero "no juzgamos por las apariencias sino con juicio justo". Entonces decimos: «Tengo una digestión perfecta». Si hacemos esto con fe, creamos el molde, imagen o prototipo perfecto. Este es el tiempo presente. El Espíritu comienza a trabajar sobre nuestro modelo y finalmente hace surgir el objeto perfeccionado o exteriorizado de nuestro deseo. Este es el tiempo futuro, usando términos relativos. Ahora podemos decir: «Tengo una digestión perfecta», aludiendo no solo a la imagen en la Mente Creativa sino también al hecho externo ahora realizado. Este es el proceso de demostración y esto es lo que Jesús quiso decir cuando dijo:

"Cuando oren, crean que ya han recibido (sepan que existe ahora potencialmente) y lo tendrán" (ya que finalmente se materializará)[5].

En segundo lugar, debemos tener cuidado de que, desde la formación de la imagen hasta su realización lógica y última, no cambiemos el carácter de nuestro deseo o arruinemos nuestro modelo por falta de fe. Por lo tanto, debemos ser consistentes en nuestras expectativas. Debemos esperar el resultado sin temor ni cambio, porque "el que duda es como una ola del mar, que es movida por el viento y sacudida de una parte a otra. No piense, tal hombre, que recibirá algo del Señor o del Espíritu".

---

[5] Se pide al estudiante que lea el Capítulo 29, Parte II, en esta conexión para ver cómo el Espíritu toma la idea y le da forma, cuando no sabemos visualizarla o imaginarla por nosotros mismos. Sin embargo, incluso en esto, se nos exige la definición de la idea.

REALIZACIÓN

Hoy no reconoceré ninguna imperfección en la vida. Sé que solo es real aquello a lo que le di conciencia; y no dotaré al mal y a la carencia con un poder que no poseen. No veré el mal; no escucharé el mal; no hablaré el mal. Nadie puede hablarme del mal y de la imperfección, porque no escucharé. No seré receptivo a pensamientos negativos ni a sugestiones negativas. Ninguna de estas cosas me mueve, porque yo estoy por encima de ellas. Yo estoy por encima de toda mezquindad y pequeñez. Yo soy receptivo solo a los pensamientos y actos positivos. Hoy tengo una mente positiva. Soy resuelto, valiente y lleno de fe en Dios, en las personas y en mí mismo. Lo que hago, lo hago con vigor; lo que digo, lo digo con decisión.

Yo soy fuerte, enérgico, tranquilo, equilibrado; descanso en la tranquila confianza de alguien que sabe que detrás de él hay vida, amor y sabiduría ilimitados.

"Todo el poder me es dado en el cielo y en la tierra".

FE, UNA ACTITUD MENTAL

Cuando estudiamos la fe a la luz de la nueva verdad, llegamos a una conclusión bastante diferente de la que quizás teníamos antes. Ya no concebimos la fe como un desesperado aferramiento a un futuro misterioso e incierto. Descubrimos que la fe, en su verdadero sentido, es una actitud mental. Es una confiada expectación. Es una cualidad mental diseñada para su uso inmediato en los asuntos prácticos de la vida. No es un credo o una religión; es una firme confianza. La fe conecta el presente inmediato con el futuro inmediato. Es cierto conocimiento que aún no ha alcanzado el punto de demostración donde puede ser sometido a las pruebas comunes de la lógica y la experiencia, pero es tan certero de sí mismo como si pudiera hacerlo. Es la positiva convicción, no solo de que lo real se deriva del bien, y el bien de lo real, sino también de que lo mejor me sucederá a mí y a los míos, ahora y en los días venideros.

Por lo tanto, la fe es también una convicción del cuidado presente y continuo de Dios. Es un espíritu alado que revolotea un poco en la oscuridad mientras lo seguimos. A medida que lo seguimos, todo se vuelve luz. La fe es la estrella que brilla en lo que, de otro modo, sería oscuridad. Lo que está más allá del presente es oscuridad para todos, menos para el individuo que tiene fe y sabe.

Sin embargo, la fe no es un misterio peculiar e indefinible diseñado para revelar futuros gloriosos y distantes, sino que es un atributo de la mente tan real como la razón. Es un alto poder perceptivo de la mente, un sentido más fino que nos permite percibir las cosas posibles. La fe no es algo estacionario; no deberíamos hablar de la fe, porque la fe siempre va por delante de nosotros. La fe de ayer es la experiencia de hoy y la historia de mañana.

Por la fe, se hacen invenciones; por la fe, se excava un canal de Panamá; por la fe, la ciencia descubre las estrellas. La mayoría de los grandes descubrimientos de la ciencia han seguido la aventura de la fe. La ciencia no trabaja en la oscuridad, trabaja en la luz de la fe. La fe es, por lo tanto, un atributo de la mente diseñada para el uso práctico actual. Se convierte en un activo comercial para las personas de negocios; el que la tiene, decimos que posee visión de futuro. Es la estrella que guía al explorador. Es el poder de saber —antes de que una cosa llegue—, que llegará o puede llegar. Esperamos que la fe sea de uso práctico en un mundo práctico de trabajo diario, porque sabemos que el Reino de los Cielos es ahora y que es nuestro privilegio obtener los beneficios del Reino ahora, no simplemente esperarlos más tarde.

¿Incluye esto la fe como creencia en Dios? Ciertamente. ¿Creencia en Cristo? De todas maneras. Pero no es un sentimiento o emoción mística e indefinible. Una creencia en Dios ahora, activo ahora, presente ahora, cooperando ahora, discernido ahora; una creencia en Cristo como presente en cada alma, perfecto, sereno, puro, inspirado por el amor y activo ahora. Lyman Abbot dice:

"El espíritu que estaba en Cristo es el Espíritu Santo. Buscarlo, poseerlo, vivir en armonía con él y bajo su guía y dirección, es ser cristiano. Esto es lo que Pablo quiere decir cuando dice que él desea, por sobre todas las cosas, ser encontrado en Cristo, 'no teniendo mi propia justicia, que es de la ley' —es decir, el tipo de justicia que proviene de la obediencia a las normas y reglamentos— 'sino la que es por la fe de Cristo, la justicia que es de Dios por la fe'; ese es el tipo de justicia que fluye espontánea y naturalmente de una vida interior de comunión con Dios. Por favor, haz lo correcto, luego haz lo que quieras: eso es la vida cristiana".

Ten fe si quieres en:

"Ese último y lejano acontecimiento divino
hacia el cual se mueve toda la creación"

Pero ten una fe más grande, más maravillosa: una creencia en Emmanuel, es decir, Dios con nosotros ahora, amándonos, levantándonos, iluminando nuestro camino. Tener tal fe, es vivir en contacto constante con Dios. No solo es creer en el poder de Dios, sino también creer que él está utilizando ahora ese poder a nuestro favor. Por lo tanto, vemos que la fe es la facultad de la mente que ve más posibilidades en nosotros y en el mundo, que nos anima a explorar y desarrollar los nuevos campos de la conciencia. Cada vez que cedemos al impulso de la fe, nos encontramos entrando en nuevos campos de experiencia, descubriendo nuevas posibilidades de gozo y servicio en la religión, la moral, los negocios, la vida social, la vida nacional. La vida es un mar ilimitado. La fe es el telescopio que sostenemos en nuestras manos mientras nuestro barco se abre camino. Por medio de ella podemos ver por delante en el recorrido, los peligros a evitar, las tormentas que amenazan, los puertos y las islas que invitan.

La Naturaleza Divina del Ser Humano le Asegura las Capacidades Ilimitadas de la Fe

Tú no eres un vil polvo que por magia de Dios puede ser espiritualizado y atraído hacia él en algún lugar distante e incierto; tú eres un espíritu, un alma, en una posibilidad tan pura como Dios; y la fe es el poder que despierta tu naturaleza divina, te muestra tus dotes espirituales, te insta a probar y explorar el reino infinito de tu conciencia interna y traer a la vida práctica y la acción las cosas que encuentras allí. La fe es el poder que te permite vender todo lo que tienes —miedo, desconfianza, preocupación, vergüenza, ignorancia— y comprar la perla de gran valor —la conciencia del poder ilimitado de tu propia alma; porque dentro de ti están todas las potencialidades y posibilidades del Reino de los Cielos.

Dios está en ti, el Dios personal, en todo momento; pero algunos no lo reconocen ni reclaman su guía y ayuda. Tales personas no tienen la visión de los iluminados espiritualmente; no tienen la visión ilimitada; ellos tienen la previsión de la razón, pero no la elevada perspectiva de la fe. La fe conecta el alma que no reconoce a Dios, con el Dios interior y exterior, y revela y libera el poder que opera a través de él.

La Fe Obtiene Resultados solo si se Persiste

La persistencia en la fe es esencial para el éxito. No hay nada que no se pueda lograr a través de la fe. A través de ella podemos conseguir todo lo que deseemos en el intelecto, en la propiedad, en la salud, en la espiritualidad. Pero la gran dificultad viene del hecho de que pocas personas mantienen su fe el tiempo suficiente para lograr algo. Siempre están en un estado de fluctuación. Hoy tienen fe en una cosa, mañana en otra; hoy tienen fe en la fe y mañana no tienen fe en nada. Santiago dice de tal persona:

"El que duda es como una ola del mar que es movida por el viento y sacudida de una parte a otra. No piense, tal hombre, que recibirá algo del Señor".

Tales personas caminan por la fe durante un tiempo, luego ven algo que desean hacer y que no encaja bien con su fe, así que dejan el camino de la fe por un tiempo; hacen lo inconsistente, como decir la palabra cortante, realizar el acto cruel, obtener lo mejor de otro en un regateo, decir una falsedad para obtener el punto deseado.

Después de esto, regresan al camino de la fe, pero no es tan satisfactorio y han perdido terreno, porque si deseamos llegar a alguna parte, debemos mantenernos en él. Cuando abandonamos el camino de la fe, nos cuesta volver a encontrarlo. El que quiera probar la verdad de la Biblia: "Todas las cosas cooperan para bien de los que aman a Dios", que ponga toda su fe en la fe y crea positivamente que Todas las cosas son suyas. Si persiste sin cesar, ciertamente tendrá su recompensa.

El mundo necesita hoy individuos de fe. El Reino de los Cielos solo se abre con esta llave, y muchos hombres y mujeres quedan fuera de su mayor utilidad porque tienen miedo o vergüenza de utilizar la llave y entrar en el reino. Ellos temen la pérdida de los amigos, el respeto de los amigos o que perderán la dulzura de las antiguas asociaciones. No se dan cuenta de que si entran en el Reino de los Cielos encontrarán más que una compensación por cualquier cosa que puedan perder. Y no puede haber una pérdida real para el individuo de fe.

El Miedo Aleja la Fe

El miedo mantiene a muchas almas hermosas suspendidas en la indecisión entre la antigua interpretación de la fe y la nueva. La antigua fe decía: "Los caminos de Dios son inescrutables"; la nueva acepta la promesa de que "con Dios todas las cosas son posibles" y sale a reclamarla. En la parábola de Jesús, los trabajadores recibían su pago todos los días. Entonces, debemos comenzar de inmediato a disfrutar de los placeres y tesoros del Reino. Si no los estamos disfrutando, entonces algo está mal en alguna parte. O bien hemos aplicado mal nuestra fe o hemos sido espasmódicos en su aplicación. No se le ha dado ninguna facultad al individuo que no esté destinada a aplicarse ahora. La fe se refiere a eso. Deberíamos tener abundancia de las cosas que necesitamos, y no pensar que la pobreza de bienes, de mente o de amistad es un signo de espiritualidad. Encontraremos que es un signo de espiritualidad tener todas las cosas.

A veces, incluso para aquellos que tienen una fe verdadera y persistente, vendrán momentos en que todo se verá oscuro. Aparentemente la fe nos ha fallado. Pero si persistimos en la fe, pronto encontraremos que la oscuridad se aparta y una luz más brillante que la que hemos conocido antes brillará para guiar nuestro camino. No puede haber verdadera oscuridad o fracaso para el hombre o la mujer de fe. El aparente fracaso para un hombre o una mujer así, será una puerta a cosas mejores; la aparente derrota del bien hoy, será la victoria reconocida mañana. Solo ten fe en la fe, y tu fe te salvará, y tú "irás en paz". La fe cambiará cualquier rumbo, iluminará cualquier camino, protegerá cualquier situación, aliviará cualquier angustia, sacará la alegría de la tristeza, la paz del conflicto, la amistad de la enemistad. El cielo del infierno. La fe puede hacer cualquier cosa. La fe es el trabajo de Dios.

REALIZACIÓN

Ahora descanso en la tranquila paz de la fe. No temo, porque el amor y la fe infinitos habitan en mí, ¡yo descanso, descanso, descanso!

Qué dulce es la palabra para mí. ¡Yo descanso! Yo descanso físicamente; descanso mentalmente; descanso en mi espíritu en la profunda calma de la paz eterna, porque soy uno con el Padre. "Por lo tanto, queda un reposo para el pueblo de Dios".

Siento una expansión infinita en la concicncia: me deslizo hacia la vida infinita donde puedo contactar a Dios y al bien en cada punto.

No soy menos yo mismo, sino más mi verdadero yo, porque yo soy uno con la Vida Infinita y la Sabiduría.

Volveré de mi hora de tranquilidad al trabajo y a los problemas de la vida con la luz infinita de la sabiduría para guiarme y de la fe para inspirarme.

Doy gracias.

EQUILIBRIO MENTAL

Durante la epidemia de influenza, una amiga mía de pronto se encontró atrapada en el tornado del pensamiento caótico y los síntomas hicieron su aparición. Ella nos contó al día siguiente:

—"Ayer me dolían la cabeza y la espalda, tenía dolor de garganta y no podía mantener los pies calientes".

Al ver nuestra expresión de preocupación, agregó:

—"Por lo demás, estaba bien".

—"¿Qué estaba bien?" —Pregunté riendo.

—"Mi mente" —contestó ella con calma.

Alguien que conociera menos la verdad y viviera más de acuerdo con la ley del miedo, podría haberse sentido alarmado, pero ella no. Reconoció que había dejado una apertura en su mente para la entrada del pensamiento de enfermedad y tranquilamente se puso a trabajar para expulsarlo nuevamente y reconocer la presencia de la vida toda-perfecta. "Lo mantendrás en perfecta paz, cuya mente está en Ti", dice el salmista.

Uno nunca debe asustarse en presencia de pensamientos y condiciones negativas. Simplemente reconoce que solo tienen tanto poder como les da tu pensamiento, ya que la oscuridad existe solo mientras la luz permanece lejos de ella. Tu pensamiento positivo es la luz, y el miedo y la enfermedad son la oscuridad. Solo tienes que traer un buen pensamiento y la oscuridad desaparecerá.

"Conocerán la verdad y la verdad los hará libres", dijo el Divino Revelador. "¿Qué es la verdad?" pregunta el mundo en las palabras de Pilato. Y la respuesta de Cristo es que "Por esta causa vine al mundo", para que los hombres conozcan la verdad. "Yo Soy la verdad". Sin embargo, no es solo el Cristo personal el que debe ser conocido, sino la Mente de Cristo. "Ten esta mente en ti, que también estaba en Cristo Jesús, nuestro Señor", dijo Pablo. Es decir, debemos llegar a ese conocimiento de nosotros mismos, y de Dios, y del universo, que tenía Cristo. Debemos tener su mente y comprensión antes de que podamos llegar a su carácter y "ser, por lo tanto, perfectos, así como nuestro Padre en el cielo es perfecto".

Para adquirir esta "mente", debemos aprender a discernir todas las cosas espiritualmente, debemos percibir lo real detrás de lo aparente, y debemos negar todo lo que es contrario a una creación espiritual perfecta. Debemos saber que el ser humano es innatamente perfecto; el verdadero ser es divino, pues solo así será posible alcanzar la perfección externa que exige Jesús. Conociendo esta verdad, nos liberaremos de todos los males del pensamiento y de la experiencia humana.

Esta es una profunda verdad, pero no un misterio. El alma iluminada sabe que esta es una verdad elemental de la metafísica. El alma que despierta debe buscar y exigir constante y conscientemente lo verdadero y lo real. Cuando el dolor, la adversidad, la melancolía o el miedo parecen manifestarse, debe decir: "Esto no es mío. No lo aceptaré. Solo conoceré lo bueno y lo verdadero". A veces esto parecerá muy difícil, pero si reprimimos constantemente el pensamiento equivocado y reforzamos el bien, que es el resultado del pensamiento correcto, gradualmente creceremos en el conocimiento seguro de esa verdad que nos hará libres.

Todos hemos preguntado: "¿Qué es la verdad?" y algunos de nosotros hemos encontrado la respuesta al crecer en esa actitud de mente y corazón que ve y acepta solo lo bueno y lo verdadero que existe para todos nosotros. Todos debemos "crecer en la verdad". Feliz es aquel hombre o mujer que con corazón esperanzado persiste "a pesar de la debilidad, la cojera, la ceguera" del espíritu humano para crecer en la mente divina, porque entonces "conocerá la Verdad, y la verdad lo hará libre".

REALIZACIÓN

Cuando te sientas atrapado en las garras del pensamiento negativo, busca con calma el "lugar de reposo". Esto es la silenciosa contemplación del espíritu y la realidad espiritual.

Yo Soy espíritu. Yo Soy vida. Yo estoy en la Mente Divina. No existe nada más que Dios.

Ningún mal puede caer sobre el espíritu y la mente espiritual. Mi mente está bien. Mi corazón descansa en la paz de esta confianza. "Lo mantendrás en perfecta paz, cuya mente permanece en Ti".

—¿Por qué cantas hoy? El sol todavía esconde su rostro, y todo es tan triste como cuando comenzó tu dolor.

— Tú no conoces la alegría que canta en mí hoy, porque todo se ha ido; lo he desechado todo.

—¿Qué es lo que has desechado? ¿Pueden desecharse la pena y el dolor? ¿Pueden ser enterradas en el pasado todas tus pérdidas y aflicciones?

—Pero aun así confiesa que ves, la tensión y el estrés se han ido. Algo de peso ha desaparecido; mis ojos no tienen pena. El dolor ha abandonado mi cabeza; esa tensión aquí a mi lado se ha desvanecido en el mar, como las costas limpiadas por la marea.

—¿La marea? ¿Qué marea? Ya veo, algún cambio ha llegado a ti. Una atmósfera, una calma, un resplandor, es verdad.

¿De dónde surge? Ah, amigo, revélame eso a mí. Para que pueda encontrar tu alegría, que yo vea tu secreto.

—Llegó al amanecer, esta paz; se encendió en mi alma. Una luz maravillosa que limpió mi mente y me hizo completo.

—"¿Limpió tu mente?" "Te burlas de mi profundo deseo de saber". ¿Tu mente fue limpiada, amigo mío? ¿Cambias así el cuerpo?

—¡Es así de hecho, es así! La confianza tomó el lugar del miedo; el amor tomó el lugar de la pérdida; y la alegría de la tristeza. El dolor se desvaneció con el pensamiento del amor siempre presente, capté una visión de Dios —adentro— no arriba.

¡En mí! ¡En mí; dentro! ¡Su reino está dentro!

Donde Dios está, no está el dolor, donde está el amor, el pecado se va. Respiro una vida más nueva; ahora vivo en el Espíritu; y no me inclino ante el miedo o el dolor, sino solo ante la verdad.

Mi corazón cambió de inmediato, mi mente cambió con mi corazón; el amor mostró el camino a la verdad; la verdad jugó su parte curativa.

LECCIÓN 26

LA VOLUNTAD DE GANAR Y LA PROSPERIDAD

"Ellos pueden porque creen que pueden", dice Virgil, sobre los ganadores de la regata. La voluntad de ganar es la primera necesidad del día. Decide salir hoy con la mente del vencedor. "Lo bien empezado tiene la mitad ya hecha", es un dicho verdadero. Esta mañana tienes el día en la palma de tu mano. Sabiamente, los grandes personajes han exaltado la voluntad humana, porque uno debe desear mucho una cosa antes de poder tenerla. Tampoco vale la pena tenerlo, a menos que lo deseemos lo suficiente como para tomar algunas resoluciones al respecto. Hoy ganaré.

La voluntad actúa de varias maneras. Primero, es esa cualidad en nosotros que nos permite elegir. Cada uno tiene una voluntad propia; podemos seleccionar lo que haremos y lo que seremos. Poder elegir es lo que constituye la individualidad. El suelo no puede elegir qué semilla se plantará en ella. La tierra no puede elegir si girará alrededor del sol. Pero nosotros podemos elegir qué palabras diremos, qué

165

pensamientos pensaremos, qué trabajo haremos o dejaremos de hacer. Tampoco nos movemos en una órbita fija. Podemos elegir qué curso seguir, qué amigos cultivaremos, qué causas apoyaremos. Es un glorioso ejercicio matutino seleccionar sabiamente el camino que seguiremos hoy.

Una vez elegido, también tenemos el poder de ejecutar. La voluntad no crea, pero es esa actitud mental que nos mantiene con nuestro deseo hasta que se crea para nosotros. Los planes pueden salir mal, la correa puede resbalar en la polea, pero la voluntad vuelve a poner las cosas en su sitio. Los amigos pueden flaquear, la voluntad los recupera. Los planes individuales pueden fallar, pero no el Gran Plan, el Gran Propósito por el cual nos esforzamos. No importa cuántas veces se manifieste alguna debilidad, la voluntad une las partes rotas y avanza hasta el final. La voluntad se aferra a la vida después de que el médico se rinde. Sigue adelante cuando la esperanza se ha ido. Va "más allá" y saca la victoria de la derrota. Podemos porque creemos que podemos.

La voluntad también es una fuerza magnética. Permite que un Alejandro o un César hagan un imperio mundial; que un Washington o un Lincoln libere a los individuos. Tu voluntad ejerce un encanto sutil; tu anhelante propósito pone a las personas a trabajar para ti. La fortuna sonríe al que se atreve. Favorece a los valientes. ¿Quieres ganarte el respeto de los demás? Entonces muéstrales un gran propósito. ¿Quieres hacer que las circunstancias cumplan tu orden? Entonces, en este momento, resuelve ser el maestro de ti mismo y de las circunstancias.

REALIZACIÓN

Hoy soy receptivo a la sabiduría más elevada para elegir solo lo que es mejor para mí y para los demás. Ahora elijo este curso (menciónalo). Seguiré hasta su cumplimiento. Hoy no temo a las personas ni a las condiciones. Las circunstancias no tienen poder sobre mí. Yo hago las circunstancias. Yo soy dueño de mi destino. Yo soy libre de querer y de hacer. Yo siento el poder de Dios actuando en mí. Respiro las fuerzas más finas. Mi firme voluntad es un imán. Atrae mi bien hacia mí. Atrae y mantiene a los amigos para mí.

Yo tengo un alma valiente, estoy abierto a la verdad más elevada y solo muestro la mayor sabiduría en mis asuntos.

Hoy desempeño mi papel con todo el poder de una mente consciente de su fuerza infinita y llena del amor y la sabiduría divinas. Yo tengo la voluntad de ganar. Yo puedo porque Dios puede.

CREANDO ATMÓSFERAS Y PROSPERIDAD

Nosotros hacemos nuestro propio cielo y nuestro propio infierno mediante el uso consciente o inconsciente de la ley. Lo hacemos por los pensamientos que pensamos y la actitud que asumimos. Porque la Gran Ley recibe nuestra impresión mental y trae a luz las ideas de nuestra mente. Por lo tanto, no somos criaturas de un entorno o unas circunstancias fortuitas. Hay algo en nosotros que nos atrae hacia ellas y ellas hacia nosotros. Si no fuera así, nos alejaríamos de ellas. No te quejes del mundo en el que vives. Es un reflejo de tu propio pensamiento. No culpes a los demás. Busca la causa en tu propio pensamiento. Pregunta: "¿Qué es lo que me trajo aquí? ¿Cuál fue mi pensamiento de fracaso que produjo esto?" Luego, decide el entorno y las circunstancias que deseas y mírate mentalmente en tu nuevo entorno. Entonces estarás en el camino hacia el logro, y tus cambios comenzarán a producirse naturalmente desde el interior. Tu bien no viene de afuera. Cuanto antes aprendas que no puedes esperar que otro te lo dé, mejor te irá. No puedes cambiar lo desagradable por lo agradable con un simple cambio de lugar.

Todos estamos rodeados por la atmósfera que más se corresponde con nuestro estado mental. Tan pronto como cambiemos nuestro estado de ánimo, nos encontraremos en mejores condiciones. Cada persona y cada lugar está rodeado de una atmósfera impalpable que las personas sienten incluso cuando no saben qué es lo que les afecta. Antes de que el escritor aprendiera estas grandes verdades, pasó una noche con un médico en cuya casa se realizaban muchas operaciones de apendicitis. La atmósfera estaba tan cargada de este miedo que captó el contagio del pensamiento, y más tarde fue operado para que se cortara el pensamiento. A menos que nuestra mente sea muy positiva, nos volvemos susceptibles a las atmósferas que nos rodean. Debemos tener cuidado de no atraer hacia nosotros atmósferas mentales negativas y, si en algún momento nos encontramos abiertos a la influencia negativa, debemos asumir de inmediato una actitud positiva y declararnos superiores a ella. La enfermedad a menudo viene por alguna impresión externa la cual abrigamos; después de un tiempo, el pensamiento se desarrolla como la semilla y crece desde adentro. Nunca se convertirá en una enfermedad para nosotros hasta que la aceptemos, ya sea conscientemente o por acuerdo tácito con la sugestión de la raza, y permitamos que crezca desde adentro.

Muchos lugares tienen atmósferas fuertemente sugestivas. Algunos lugares de negocios irradian buena voluntad y éxito. Otros están llenos de un sentimiento de fracaso y desesperanza general. Entras en algunas atmósferas y te embarga el deseo de reír, bailar y cantar. Entras en otras y te dan ganas de llorar.

Ponte en contacto con personas que piensan constantemente en la música y experimentarás un nuevo interés por ella. Ponte en contacto con hombres y mujeres literarios y sentirás el deseo de crear. Una mujer compró una casa nueva y pronto descubrió que deseaba escribir, aunque nunca antes había mostrado interés en esa dirección. Más tarde descubrió que un autor había vivido allí y utilizaba una de las habitaciones como estudio.

En una época tuvimos un sanatorio metafísico. Compramos una casa grande y nos anunciamos para buscar pacientes. Al principio venían pocos, aunque éramos ampliamente conocidos. Un día, una paciente nuestra que vivía en la ciudad y venía a recibir tratamiento diario, llegó tarde a su cita. Al preguntarle la razón, descubrimos que había estado sentada durante una hora en el parque, sintiendo que algo le impedía acercarse a la casa. Comenzamos a investigar y descubrimos que la casa había sido utilizada anteriormente como un hospital privado y que muchos pacientes habían estado enfermos o habían muerto allí. En consecuencia, recorrimos todas las habitaciones de la casa y las tratamos para que tuvieran una atmósfera de paz y fe, llenándolas mentalmente de pacientes. En poco tiempo, todas las habitaciones de la casa se llenaron y, a partir de entonces, nuestro negocio fue siempre un éxito.

Las personas son muy sensibles a las atmósferas y pueden saber muy bien lo que otros piensan de ellas, aunque no haya palabras entre ellas. Jesús era así y pudo decirle a Simón la tendencia general de su pensamiento. En efecto, le dijo: "Simón, me estás condenando y criticando por mi actitud amable hacia esta mujer". Y luego le mostró que le era bastante indiferente su opinión. Jesús, a su vez, irradiaba una atmósfera

170

tan llena de buena voluntad y poder curativo, que la gente se curaba al contacto con su atmósfera o, como algunos la llaman, su aura. Esto ocurrió en el caso de la mujer que lo tocó en la multitud. "La virtud salió de él". Es decir, vir o energía vital, irradiada de él.

El principal encanto de la personalidad radica en el poder del individuo de irradiar una cierta influencia magnética, al igual que el sol irradia luz y calor. Los grandes líderes de la historia estaban rodeados con un círculo magnético tan poderoso, que casi parecen haber estado cargados de electricidad. El Dr. Newell Dwight Hillis llama la atención sobre esto en un notable ensayo sobre "El contagio del carácter". Él dice:

"Froude muestra a Julio César atrayendo a los individuos hacia él como un imán atrae partículas de hierro y acero. Los rudos soldados romanos no podían escapar de la presencia magnética de su general más de lo que podían evadir la gravedad de la tierra. Ese interesante escritor, Hammerton, quedó profundamente impresionado por la afirmación de que el apretón de manos de Napoleón era como una poderosa descarga eléctrica".

La historia estadounidense nos ofrece sorprendentes ilustraciones en hombres como George Washington, John Paul Jones, Philip Sheridan, famoso por el brillante episodio de Cedar Creek, Abraham Lincoln, tanto como ciudadano como presidente. En todos los ámbitos de la vida nos encontramos con personas inusualmente cargadas de un poder dinámico que nos afecta extrañamente.

Radiaciones Espirituales

Tal atmósfera puede ser de origen físico, mental o espiritual, o puede combinar los elementos de todos. Siempre ha sido más notable en los individuos más espirituales. La atmósfera de tales personas vibra con una energía curativa que a menudo es muy sorprendente. Junto a Jesús, los discípulos evidenciaron más este poder curativo, siendo excepcionalmente espirituales o bien volcando más completamente sus energías en esta dirección. Bernardo de Qairveaux es un tipo de santo medieval que, de la misma manera, realizó algunas curaciones realmente maravillosas e indudablemente auténticas. Su aroma espiritual era extremadamente poderoso y producía muchas sanaciones.

La Atmósfera de los Lugares

La presencia de estas naturalezas suele dotar a los lugares o localidades de una sutil atmósfera muy propicia para la salud. Alrededor de estos lugares permanece el pensamiento saludable. La fe aquí tiene sus obras más perfectas. Naturalmente, uno piensa inmediatamente en la ciudad de Lourdes en Francia. En una gruta aquí, la Virgen María está acreditada por haberse aparecido ante una criada campesina en 1858. Más tarde, se erigió una iglesia sobre la gruta y miles de personas han acudido a beber de sus aguas, a rezar y a sanarse de sus enfermedades y debilidades. Una gran colección de bastones y muletas evidencia silenciosamente el hecho de algunas de las curaciones.

Algunos de los experimentos más interesantes realizados por los científicos, fueron los de la fotografía de atmósferas del pensamiento, por el francés, Dr. Baraduc. Él obtuvo una fotografía de la atmósfera de este mismo lugar, que muestra la presencia de luces blancas o centros de pensamiento que se elevaban por encima de los que acudían con fe a la sanación y llenaban la sala.

En Quebec, la Iglesia de Santa Ana de Beaupre, ha sido escenario de sanaciones similares a través de la fe y la oración. Aunque, sin lugar a dudas, muchas de las sanaciones registradas han sido solo temporales o aparentes, debido a causas fácilmente explicables, sin embargo, el hecho es que la atmósfera o el aroma del pensamiento del lugar está altamente cargado de poder curativo y miles de personas son sanadas allí.

Por lo tanto, resulta muy evidente que los pensamientos son cosas y que nuestro mundo es el mundo que nosotros mismos elegimos y creamos. Dado que tenemos el poder de crear la atmósfera por la cual estamos rodeados, debemos "proteger nuestros corazones con diligencia, porque de él salen los asuntos de la vida".

También debemos reconocer que tendemos a atraer hacia nosotros y llevarnos a nosotros hacia las circunstancias y las personas más afines a nosotros y a nuestro pensamiento. Entonces, si no te gustan tus circunstancias actuales, cambia tu forma de pensar. Piensa conscientemente en este tema y empieza a crear un cielo nuevo y una tierra nueva para ti.

REALIZACIÓN

Yo hago mi propio cielo hoy. Este día es como yo lo hago y mi mundo es como yo lo hago.

Hoy soy bendecido porque bendigo: Soy próspero porque creo en mi prosperidad. Tengo amigos porque soy uno. Tengo amor porque amo.

* Si tu negocio no es próspero, anda a tu lugar de trabajo y bendícelo.

Este lugar es mi lugar. Es el reflejo de mi pensamiento. Nadie más tiene ningún poder sobre este lugar para darle una idea de fracaso. No puede haber ningún pensamiento permanente de fracaso aquí. Este lugar está lleno de la atmósfera de éxito y buena voluntad. Todos los que vienen aquí son optimistas y prósperos.

Yo atraigo negocios y éxito. Yo inspiro a las personas con confianza. Irradio la sutil atmósfera del éxito. La gente que viene aquí lo siente. Tengo una actitud constante de fe hacia mi negocio. No pienso en el fracaso, sino solo en el éxito.

Olvidaré lo que sucedió ayer y antes, si no fue un éxito. Yo establezco un nuevo estándar para este lugar.

* Reconoce que no te servirá de nada decirlo sin sentirlo. Y tampoco te servirá de mucho sentirlo solo por el momento en que lo dices. Mantén esta actitud mental todo el día. Mantenla todos los días hasta que se cree la atmósfera y tengas éxito en

la expresión visible. Haz tus mejores esfuerzos y actúa de tal manera que la gente sienta que todo está bien. Se sabe que los banqueros han detenido un pánico bancario, cuando las cosas estaban mal desde el punto de vista material, solo mantenido una actitud mental elevada y dando confianza a sus clientes. He conocido a personas que han tenido éxito en la undécima hora. Sé uno de ellos.

Continúa, bendiciendo tu lugar todo el día. Si es el hogar y hay desarmonía allí, trátalo de la misma manera y di:

Esta casa es la casa de mi espíritu y el hogar de mi corazón. No puede haber desarmonía porque yo soy armonía y amor, y solo atraigo amor aquí. Todos en esta casa son atentos, amables y considerados. Yo tengo fe en todos aquí y mi fe está justificada. Ahora soy consciente de una nueva actitud mental y nadie que venga a esta casa puede dejar de notarla. Todo es armonía y todo es encantador.

* Uno debe pensar en esta verdad cada día hasta que los resultados estén asegurados. Y nunca dejar de agradecer que tu fe ha encontrado su lugar en la Mente Creativa Cósmica y que se te está haciendo, así como piensas.

EL ESPÍRITU PERSONAL

Las visiones ampliadas de Dios han perturbado a muchos porque han temido perder la personalidad de la Presencia Divina. Han pensado que deben elegir entre Dios sin ley y ley sin Dios, y han elegido lo primero. En realidad, tal elección no es necesaria, ni es posible. Dios debe ser aceptado con la ley, ya que no puede haber separación. Y al hacer esta declaración no estamos difiriendo del pensamiento inteligente de los líderes de la iglesia ortodoxa, ya que teólogos avanzados, como William Clarke o Washington Gladden, por muchos años han estado enseñando a la iglesia a ampliar su concepto de Dios, lejos de las limitaciones de la personalidad humana. Ya no debemos pensar en el Espíritu en términos de forma, sino de sentimiento. Nuestra propia naturaleza real es la cualidad interna de nuestra vida con su capacidad infinita, y debemos aprender a pensar en Dios como la extensión infinita de lo mejor de nosotros sin las limitaciones de la individualidad. Así, lo reconoceremos como el Todo de la Vida, el Amor y la Sabiduría, y no como una persona en el sentido corriente. Por personalidad se entiende necesariamente una mente aparte de otra. Uno puede ser una persona solo al ser distinto de otro. Esto es imposible con Dios, ya que él es todo y "el Señor tu Dios es Un Dios". Concebir a Dios como una persona es reconocer dos poderes en el universo: Dios o el Bien, y otro que no es Dios y no es el Bien y, por lo tanto, es el mal. Entonces, debe producirse un inevitable conflicto de voluntades en el que dos poderes infinitos luchan entre sí por el dominio; el resultado sería el caos y el cosmos se reduciría a cero. El bien y el mal tendrían igual poder y realidad y sería inútil luchar contra la naturaleza con la esperanza de vencer el mal. Ya que Dios es infinito, es imposible que esté limitado por un poder opuesto; ya que él es la verdad y la verdad es aquello que es, el único opuesto concebible a Dios es aquello que no-es. "Fuera de mí no hay otro".

Por lo tanto, debemos pensar en Dios en términos diferentes que el del concepto común de personalidad. Los antiguos encontraron esto en la propia ley, diciendo: "En verdad, la ley es una Persona", porque descubrieron que la ley reflejaba su fe con infinita exactitud. Si uno mira la ley con pensamientos de fe y amor, encuentra en ella una respuesta a su estado de ánimo. Si mira con odio y escepticismo su universo, aparece trágico para él. Por eso Jesús habló de ella como el Padre dando pan a sus hijos porque ellos piden pan; y nuevamente como el adversario, poniendo al deudor en prisión hasta que pague el último centavo. Para aquellos cuya fe se dirige al cielo esperando el bien, éste llega; para aquellos que piensan en términos de limitación, miedo y necesidad, la ley se convierte en el adversario. Por lo tanto, los rabinos judíos decían que es como una persona porque refleja nuestros estados de ánimo con la mayor exactitud.

En consecuencia, si uno mira su universo con fe, éste justificará su confianza; si entrega su corazón en adoración a la Mente Divina, ésta le devuelve medida por medida de su propia naturaleza divina. Así, con el poeta podemos decir:

"Háblale, porque él escucha.
Y espíritu con Espíritu se pueden encontrar,
Él está más cerca que tu aliento.
Más cerca que las manos o los pies".

Así, el Infinito actúa a través de su ley con toda la inteligencia de su naturaleza reflejándonos, con absoluta exactitud, cualquier estado de ánimo o sentimiento que mostremos hacia él. Según la naturaleza de nuestra fe nos será hecho. Esto elimina el elemento de casualidad de la respuesta que Dios hace a nuestras oraciones. Porque Dios debe actuar mediante la ley y no mediante elecciones individuales de la voluntad. Creer que Dios actúa a través de elecciones individuales de voluntad es darle personalidad, y él puede responder a nuestra oración o no, dando o reteniendo arbitrariamente. Si Dios actúa por voluntad propia y no por ley, es inútil orar porque no tenemos forma de estar seguros de nada de lo que él hará.

Pero él actúa por ley y, por lo tanto, podemos percibir que la cuestión está en nosotros en cuanto a lo que recibiremos. Si obedecemos la ley, será nuestro sirviente y hará lo que le pidamos. "Pide y recibirás, busca y encontrarás". Dios actúa a través de la ley para dar "según tu fe".

Esto tampoco priva a Dios de la libertad de acción ni de los atributos de la personalidad. Podemos estar seguros de que no hay atributos en el Hijo que no sean heredados del Padre. El ser humano es consciente de sí mismo y se dirige a sí mismo; así también es Dios. Él no es, como el ser humano, consciente de sí mismo como individuo o separado de otro, sino que es consciente de Ser —él es consciente de sentir y pensar. Es consciente de la dicha, el amor y el poder creativo. Él experimenta estados de conciencia que constituyen el ser.

Así también, él se dirige a sí mismo. Él tiene el poder de seleccionar cómo, cuándo y dónde actuará. Él comienza un universo cuando quiere, y lo coloca donde quiere. Los planetas nacen en diferentes momentos, siendo algunos tan antiguos que la luz de su sol se ha apagado; otros son tan nuevos que su juvenil luz parpadeante apenas ha tenido tiempo de alcanzarnos a través de la inmensa difusión del espacio. Pero habiendo elegido, la Mente Creativa siempre actúa por ley y la ciencia misma no es más que la investigación sistemática de la ordenada forma de trabajar de Dios. Todos los descubrimientos del intelecto más elevado confirman la actividad de la ley de Dios. Y esto es tan cierto de la "ley natural en el mundo espiritual" como en cualquier otro lugar. "Todo es amor, y todo es ley", dice Browning.

Sin embargo, "El que hizo el oído, ¿no oirá?" "El que hizo el ojo, ¿no verá?" Infinito en poder, perfecto en sabiduría, compasivo en amor, Dios se convierte, para aquellos que lo buscan con una simple fe infantil, en el Padre "que perdona todas tus iniquidades; que sana todas tus enfermedades; que te corona de amor y ternura; que colma de bienes tus años, para que tu juventud se renueve como el águila".

REALIZACIÓN

Reconocer la presencia del Espíritu Personal es encontrar canales de poder para la palabra en todos nuestros asuntos. Debemos aprender a percibir a Dios como el Padre, por siempre parado en la puerta de su casa para dar la bienvenida al pródigo que regresa.

Para reconocer la presencia es esencial emplear el corazón, la mente y la voluntad. Debemos usar la mente y la voluntad para abrir la puerta sobre sus bisagras oxidadas. Esto se puede hacer de esta manera —una forma que he encontrado muy útil. Comenzamos diciéndonos a nosotros mismos algo como esto:

Ahora estoy entrando en la Presencia secreta; estoy entrando en contacto con Todo-lo-que-Es. El mundo está excluido. Yo estoy encerrado en el templo de mi propia alma. La vida, el amor, la paz y Dios me rodean. En él vivo, me muevo y tengo mi ser. Cada aliento que respiro es la respiración del espíritu. Yo estoy bebiendo del agua de la vida libremente. La corriente pura y clara del amor divino fluye a través de mi cuerpo como una corriente, llevándose todos los pensamientos impuros y egoístas, toda la debilidad, todo el mal, toda la maldad, todo el pecado.

Me limpia profundamente en cuerpo y mente y lava todos mis pecados. Ahora no queda nada más que pureza y amor. El río de Dios me llena. De mi interior fluyen manantiales de agua viva. La vida de Dios está en mí. El amor de Dios me llena. La paz de Dios me sostiene. El miedo y la preocupación y todo lo que es diferente a Dios se ha ido de mí. Yo estoy lleno del amor de Dios. Dios está aquí.

Luego podemos continuar repitiendo el Salmo veintitrés o sesenta y uno, o algún poema que sugiera la Presencia Divina.

INTUICIÓN E IDEACIÓN

La fina responsividad de la ley, la cual hemos señalado en el capítulo sobre el Espíritu Personal, apela a los más elevados instintos en nosotros. Nos llena de inmediato de gratitud y confianza. Nos damos cuenta de que "Nada bueno niega a los que andan en integridad" y que si nos ponemos bajo la guía del Espíritu "Nos enseñará todas las cosas y nos guiará en el camino de la verdad". Porque debemos reconocer que Dios es más que su ley, aunque actúa por medio de la ley; y que si tiene la inteligencia suficiente para traer a manifestación aquellas cosas por las que oramos, también tiene la capacidad de "enseñarnos a orar". En otras palabras, encontramos a Dios actuando a través de la ley como nuestra guía invisible, como señalamos en la cuarta parte de la ley en la Lección 2.

Si la ley es infinitamente responsiva, debe ser tan rápida en responder a un llamado por sabiduría y orientación, como para darnos aquellas cosas que pedimos. La manera de lograrlo es que asumamos ante la ley la actitud de receptividad para la sabiduría que necesitamos. Debemos reconocer que la Sabiduría Divina sabe exactamente cuál es el mejor camino que debemos seguir en determinadas circunstancias y, por lo tanto, podemos dirigirnos hacia ella con perfecta confianza, mientras nos sentamos tranquilamente en silencio y hacemos una unidad consciente con el Espíritu de Toda Sabiduría. Reconocer que en la naturaleza esencial "el Padre y Yo somos uno". No hay separación en esta sabiduría única; por lo tanto, el conocimiento de la verdad está en ti ahora. "Como el Padre tiene vida inherente en sí mismo, así también se lo ha dado al hijo para que tenga vida en sí mismo". Esta vida es la inteligencia divina en ti, universal y conocedora de todas las particularidades del caso en cuestión. Pero esta sabiduría divina es la indiferenciada de todo el conocimiento y lo que tú deseas es que diferencie su sabiduría a través de ti, a la aplicación particular en cuestión. Por lo tanto, puedes decir: "La sabiduría infinita ahora me guía y me dirige hacia el curso que debo seguir". Luego puedes permanecer por un momento en el silencio e ir con expectación a las tareas que tienes ante ti. Irás a trabajar tomando tus decisiones sobre la base de tu buen juicio, sabiendo que no puedes equivocarte y que, si estuvieras a punto de emitir juicios falsos, algo surgirá en ti como un instinto, para decirte que ese curso es equivocado. Esa es la voz de las intuiciones a las que has llamado. Presta atención y sigue sin miedo por el camino que te será señalado.

Es aquí donde cuenta una verdadera espiritualidad. Y por espiritualidad queremos decir una conciencia de la realidad última y de la presencia del Espíritu, un sentimiento profundo de la unión de tu propia mente con lo Divino. Estas son cualidades que se desarrollan por la práctica. El estudiante de psicología y fisiología sabe que existen centros cerebrales y sistemas nerviosos especialmente adaptados al influjo de ideas puras desde lo universal y su método de alcanzar la mente objetiva por la que las conocemos y actuamos sobre ellas. Esto se explica cuidadosamente en el capítulo catorce de las Conferencias de Edimburgo, por el Juez Troward, y el estudiante puede leer ese capítulo de manera provechosa. El punto que deseo aclarar es que, si hemos de depender de las intuiciones, debemos seguir la ley de las intuiciones y colocarnos en máxima armonía con el Espíritu. Como el Espíritu es, sobre todo, sentimiento, descubriremos que nuestras intuiciones serán en gran medida una cuestión de sentimiento y, sin embargo, después de un tiempo podremos actuar sobre ellas con certeza porque las impresiones serán lo suficientemente profundas como para formar una guía segura para nosotros. Al mismo tiempo, debemos estar seguros de que no se confundan en nuestro pensamiento las intuiciones y las simples impresiones. Muchas personas están constantemente obteniendo impresiones que son simplemente pensamientos vagos de otras mentes, conceptos raciales, o miedos y pensamientos similares que surgen del subconsciente donde se han alojado. Un gran número de personas obtienen estas impresiones como experiencias psíquicas y deben protegerse cuidadosamente, ya que a menudo traen desarmonía y cosas peores. Un buen criterio a seguir es ver si la impresión está directamente en la línea por la que hemos estado buscando orientación. Si no es así, probablemente no sea una intuición. Asimismo, debemos tratar de tomar nota de la primera impresión como la más confiable. A menudo conocemos a personas que en el primer acercamiento no nos atraen. Más tarde superamos esta sensación, pero llega el momento en que se demuestra que nuestra primera impresión era correcta. La razón de esto es que el ser subjetivo es mucho más impresionable que el objetivo y está en contacto con un campo de conocimiento más amplio.

Muchos han encontrado una práctica valiosa al irse a la cama por la noche, afirmar que recibirán la dirección de la Sabiduría Infinita a lo largo de una línea determinada. Luego, al despertar, notan sus primeros pensamientos sobre el asunto en cuestión y descubren que, si siguen las intuiciones así dadas, no se equivocan. Siempre he comprobado que esto es cierto en mi propia experiencia, si busco dirección al retirarme y luego actúo según mi criterio en el momento en que el asunto en cuestión lo requiera, mis asuntos siempre han ido bien. A este respecto, bien podría leerse la historia de las intuiciones de Jesús y las del hermano Lawrence, el santo medieval.

Ideación

Las intuiciones también pueden seguirse en otro aspecto importante y es en relación con la formación de la idea o concepto que deseamos encarnar mediante la actividad de la Ley. Ya hemos aprendido que la ley trabaja en el modelo, la idea o la imagen que reflejamos en ella. Ahora bien, a menudo sucede que nuestras ideas pueden ser limitadas y que nuestro entendimiento de lo que es necesario o conveniente que hagamos o tengamos en un momento dado puede ser demasiado inseguro para que podamos moldearlo en forma mental. En tal caso, debemos reconocer que si no sabemos qué es lo mejor que podemos tener, hay un espíritu en nosotros que sí sabe y, por lo tanto, podemos depender de él. En este sentido, insto al alumno a estudiar mi libro "Ser y Convertirse", el cual explica completamente este principio. Es suficiente decir aquí que, si nuestros motivos son elevados y puros y nuestra fe es firme, no es necesario que tengamos una imagen perfecta en lo que respecta a la mente objetiva. Hay una mente en nosotros que sabe exactamente qué es lo mejor y esta mente puede sostener ante la ley la idea de lo que queremos; entonces las intuiciones y la Mente Creativa trabajan sobre nuestro problema para traer lo que será mejor para nosotros. Esto no es un simple dicho: "Hágase tu voluntad, sea la mía o no". No se trata de una simple inactividad y de dejar pasar las cosas. Es bastante diferente; es esperar que suceda algo en una línea definida para ti de la mejor manera. Es posible que no conozcas la forma que tomará el bien deseado, pero ahora tienes una idea definida.

Reconoces que el Espíritu mismo es Idea y que lo que quieres es la encarnación de esa idea y, a menudo, cuando haces una demostración, encuentras que el Espíritu, que "sabe lo que necesitas antes que tú", ha encarnado la idea en respuesta a tu reconocimiento, aunque tome una forma diferente de lo que habías anticipado.

No debemos temer confiar nuestro bien deseado a la ley. La inteligencia infinita trabajará sobre ello para traerlo en la mejor forma. El espíritu mismo es formativo; es el poder que concibió un universo, soñó una rosa y pensó el ser humano en forma. No tenía un patrón para moldear sus ideas en forma. Pero sabía cómo encarnarlas, y como es eternamente creativo, encarnará tu idea, ya sea una invención que nadie haya concebido, una melodía nunca antes cantada, o un motivo en el arte nunca antes inspirado en la belleza del color. Aquí el genio tiene su origen, toda invención su nacimiento, todo arte su inspiración, toda sabiduría su fuente. Atrévete a lanzarte al inexplorado mar de la vida, porque en ti el Gran Piloto, el Gran Aventurero, el Gran Poeta, el Gran Inventor, el Gran Músico, el Gran Artista, están haciendo su gran búsqueda por la experiencia individual. El genio brota del alma que se atreve a beber de las fuentes de inspiración del jardín de Dios. Así, el Espíritu nos ayuda a concebir y hacer nacer lo más elevado que podamos desear. Nos da "por encima de lo que pedimos o pensamos".

REALIZACIÓN

Ahora yo tengo fe en el poder interior del espíritu trabajando a través de mí. Yo confío en la sabiduría interior. Esta sabiduría no es mía, tampoco es inteligencia aparte de mí: es Dios en mí.

Yo confío en la iluminación divina de mi propia alma, en la cual yo soy uno con el Padre. Si todavía no lo sé objetivamente, hay algo en mí que sí lo sabe.

* Ahora lleva tu sentimiento de esta verdad hasta el punto más elevado y luego di:

«Yo deseo y recibiré orientación en esta línea. Me será dicho cuál es el mejor curso que debo seguir»

Luego descansa en la tranquila expectación de que ocurrirá algo que te permitirá elegir lo correcto. Sigue tu trabajo diario con la perfecta fe de que en el momento adecuado el Espíritu te

FENWICKE HOLMES

mostrará qué hacer y te guiará hacia las mejores cosas. Si has procedido de la manera correcta, descubrirás que ahora sabrás en tu corazón que esto es lo que debes hacer o tener. Después de haber recibido instrucciones sobre el mejor curso a seguir o cuál es la mejor cosa a tener, anda a trabajar para realizarlo de la misma manera como para cualquier otra "realización"

* Cuando se trata de la "demostración" de la salud, el sanador reconocerá que no es necesario que sepamos cómo deber aparecer el órgano interno, ni qué forma tendrá. Hay en nosotros Aquello que sí sabe, y si nos mantenemos mentalmente en la perfección del pensamiento, cada órgano del cuerpo responderá con una correspondencia en la forma.

En la manifestación de la prosperidad se mantendrá la misma regla. Por lo tanto, declara tu fe en la inteligencia perfecta de la ley, expone la idea en el pensamiento y luego deja que la Inteligencia Suprema en ti encuentre la mejor manera de llevarla a cabo por ti. La mente en ti que formula y la mente que ejecuta son Una; entonces el pensamiento debe convertirse en la cosa o tu palabra hacerse carne.

Yo soy consciente de la actividad creativa de la Inteligencia Divina actuando para mí en esta línea y doy gracias porque se me hace como quiero.

LA REALIDAD ÚLTIMA Y LA PATERNIDAD DE DIOS

La ley está en todas partes, pero la ley no es todo. Ya que la ley es una forma de trabajar, debe existir Aquello que trabaja de esa manera. Hay que advertir al estudiante que no haga demasiado hincapié en la ley, para que no haga de la ley de causa y efecto su Dios, en lugar de Aquello que no es causa ni efecto. Además, debemos tener cuidado para que, al simplificar nuestra enseñanza a unos pocos principios fijos, no concibamos estos principios como el todo o lo último. Ya que la ley es la actividad de un principio, debemos reconocer que debe haber un principio para actuar. No hay acto sin el actor; no hay canción sin el cantante; no hay arte sin el artista. Dios es el gran actor, el sublime músico, el artista supremo. Como cada forma de arte depende del espíritu del artista, así cada forma o ley de creación debe depender del Espíritu o Creador. De esto aprendemos que cuando utilizamos la ley no estamos manipulando a Dios.

Por lo tanto, debemos aprender a pensar detrás de lo visible, en lo invisible, detrás de lo limitado, en lo absoluto. En un libro de este tipo solo podemos señalar el camino. El estudio del Absoluto es esencial y es el trabajo del estudiante avanzado. Solo mediante la deducción, el razonamiento axiomático y abstracto, podemos penetrar el misterio del Absoluto, salvo mediante el sentimiento. Espero algún día publicar un libro sobre este tema. Mientras tanto, deseo señalar una dirección general que debería tomar nuestro pensamiento. Conocer la ley y, en consecuencia, sentir que lo sabemos todo, es muy peligroso. Puede conducir a una práctica mental incorrecta y al fracaso final. Por lo tanto, debemos esforzarnos constantemente por reconocer el Espíritu que subyace en la ley, identificarnos con él, percibir la viva presencia del Absoluto, descubrir no solo la impersonalidad en la ley, sino también encontrar en ella la actividad de la Persona. Entonces, debemos aprender a pensar profundamente porque tenemos, por un lado, el peligro del materialismo en el uso de una ley impersonal y, por otro, el peligro de establecer una imposible personalidad como nuestro pensamiento de Dios.

¿Se dará cuenta el estudiante de que lo que ya hemos aprendido no es la Verdad en sí misma, sino que es sobre la Verdad? ¿No te aplicarás constantemente al reconocimiento de lo Absoluto? Detrás de la ley sigue existiendo lo Indivisible; lo Inescrutable; lo Inmutable; lo Eterno; lo Inalterablemente Perfecto; lo Completo; lo Universal; la Verdad no razonada; el Primer principio; el Todo; lo Incomparable; la Indiferenciación de la vida, el Amor y la Sabiduría; en resumen, el depósito inagotable de Todo-lo-que-Es, el Espíritu, el Poder para convertirse; el Absoluto.

190

Estos son los nombres de Dios concebidos por el intelecto; pero detrás de ellos está el Nombre sin nombre, la Palabra no hablada. Del mismo modo que nadie ha visto una estrella, sino solo la vibración de la luz que ha estado fluyendo de ella, quizás durante miles de años, así tampoco ninguna persona ha percibido a Dios directamente sino solo a través de conceptos mentales. La razón que no es absoluta debe plantear a Dios o aquello que es absoluto. El apóstol Juan dice: "Nadie ha visto jamás a Dios; el Hijo unigénito, que está en el seno del Padre, él lo ha declarado".

La razón nunca puede comprender a Dios, pero puede declararlo. La razón demuestra que él es todo, ya que no podemos descubrir ninguna cualidad como la vida, el amor, la sabiduría, el suministro, la belleza, que no provenga de una fuente inagotable; y por mucho que retrocedamos en la serie, seguiremos encontrando una causa hasta que la razón pasa de la causa a la Causa sin-causa, o al Todo; sin embargo, por mucho que Dios pueda ser comprendido por el entendimiento, sigue siendo el Misterio Eterno. Solo por la fe puede ser aprehendido. Como todos somos unigénitos del único Dios, que es la traducción correcta de monogenes, (no el "único unigénito"), nosotros "declaramos a Dios". ¿Pero cómo?

En el Ser Humano, el Absoluto

Existe en el ser humano mismo la desconocida región del absoluto. En el ser humano es aquello que es indivisible, inescrutable, inmutable, eterno, perfecto, completo y con poder de manifestación. Existe en el ser humano aquello de lo cual proceden todas las cosas. Jamás se ha descubierto ninguna limitación al poder de la vida, del amor y de la sabiduría en el ser humano. Por mucho que despliegue estos poderes divinos, sigue conservando la capacidad para más de lo mismo. No se pueden establecer límites a su capacidad. La razón tiene sus limitaciones, pero la capacidad del ser no tiene límites.

Entonces, ya que en Dios está lo ilimitado, y en el ser humano está lo ilimitado, y ya que en ambos el poder potencial es de la misma naturaleza, entonces, ambos son uno. Esta es la unidad divina.

O podemos llegar a la misma conclusión de otra manera: Dios es la verdad y la verdad es todo. Fuera de la verdad no hay nada. Si vamos a ser, debemos ser uno con esta Verdad o Todo. Nuevamente, dado que la Verdad es una unidad —porque lo es todo— entonces hay algo en nosotros que es universal. Así el ser humano contacta lo absoluto en todos los aspectos y al conocerse a sí mismo puede conocer a Dios. Sin embargo, ninguna persona conoce completamente su propia naturaleza, y lo que pensamos y sentimos no es nuestro ser. Por encima de todo pensamiento, sentimiento y sensación está ese elemento eterno, el Ser. Por encima de la pobreza, la carencia, el miedo, el dolor, la infelicidad, está aquello que es todo, divino, inmutable, eterno, absoluto. Pero solo podemos conocer a este ser superior por lo que hace. Por lo tanto, podemos decir tanto del yo como de Dios, que son el Gran Misterio del Ser.

¿Quién es Dios?

Entonces, ¿quién es Dios? Podemos pensar en Dios en otros términos además de la inteligencia, siempre ocupada en responder a las oraciones de los enfermos, los pobres y los infelices; constantemente ocupada en cumplir los pedidos de nuestras "manifestaciones". Dios habita en una luz inaccesible. Su ley hace su obra. Envuelto en los ropajes de su propio ser, el Dios eterno es la eterna realización del ser. Constantemente experimentando estados de conciencia (que es el ser), Dios se deleita por siempre en las armonías y glorias de la Mente Creativa. Él se gloría tanto en el ser como en el hacer. Teniendo el poder de escuchar y el pensamiento infinito de la armonía, Dios se estremece con el éxtasis de la eterna música del universo, visible e invisible. Las suaves melodías lo deleitan, el grandioso compás de las canciones celestiales lo alegran con sus dulces melodías. Las orquestas supremas emiten eternamente sus estremecedoras notas que lo cautivan y lo satisfacen con su perfecto ritmo.

Cuando Dios sueña estas armonías celestiales, la Gran Ley de su ser las convierte en la música de las esferas, el canto ondulante del arroyo y la nota del ruiseñor.

Y mientras la música deleita el Alma-de-Todo, su corazón late con el éxtasis divino del amor. Está sintiendo los impulsos del afecto. Un estremecimiento tras otro, en el sentimiento más bello, pasa a través de su alegre corazón. Y la Gran Ley lo convierte en bellezas de amaneceres y atardeceres, de bóvedas estrelladas del cielo, de corazones humanos glorificados en los amantes; novios, madres, bebés, apareamientos, desde los átomos hasta el ser humano.

Los pensamientos del Infinito salen para crear con toda la alegría de pensar cosas nuevas. Como alguien que se recuesta en un lecho de ramas en la cima de una montaña y, con la sensación de bienestar, amor y provisión, mira con asombro la tierra, el mar y el cielo, y da un suspiro de dulce satisfacción, así Dios vive dentro de su universo y se regocija en su ser y hacer.

Dios es todo y lo observa todo. Ningún espléndido sol recorre valientemente el camino del cielo, cantando mientras corre, sin que Dios lo vea y escuche. Él está en el destello del cometa y en el parpadeo de la estrella. El nacimiento y el crecimiento de cada cosa silvestre, el pequeño capullo de la violeta del bosque, el gusano que se alimenta de tierra, el pájaro que se eleva en el cielo, todos están en la mente de Dios, y Dios está en todos ellos.

Entonces, si ni un gorrión puede caer al suelo sin que tu Padre celestial lo vea, si él alimenta a los cuervos, ¿el ser humano que comparte su vida, debe pasar desapercibido e insatisfecho? Más bien deberíamos percibirnos a nosotros mismos como el centro de actividad de la elección de Dios. Más bien deberíamos ver que cuando le permitimos que se nos aparezca, él es el Buen Pastor que nos conduce hacia verdes pastos y junto a las aguas tranquilas donde restaura nuestras almas. Más bien deberíamos ver en Dios al Padre que sale al encuentro del pródigo que regresa, y pone en su dedo el anillo de su afecto. Y en glorificada realización debemos entrar en el lugar secreto del Altísimo, donde podemos permanecer bajo la sombra del Todopoderoso. Deberíamos aprender a escuchar la música del mundo y escuchar en la naturaleza la voz de Dios. En los silencios más profundos de nuestra alma, nosotros también deberíamos estremecernos con las armonías celestiales; también deberíamos sentir profundamente la palpitante alegría del bienestar y el amor inalterable. Canción del alma, canta en mi corazón; alegría del mundo, estremece mi ser. Ahora yo me inclino y adoro, me arrodillo ante el Señor y digo:

"Padre mío que estás en los cielos, santificado sea tu nombre; tu reino viene, hágase en mí tu voluntad".

REALIZACIÓN

Solo hay una realización para el Absoluto.

"Quédate quieto y sabrás que Yo Soy Dios"

LA AFIRMACIÓN SUPREMA

El primer principio de la ley es que produce para nosotros exactamente lo que pensamos. Se convierte para nosotros justo en lo que nosotros nos convertimos para ella. Si asumimos una actitud de amor y armonía hacia el universo, se convierte en la Madre Naturaleza para nosotros. Si la consideramos dura y cruel, se convierte en un destino inexorable para nosotros. La ley pone en forma lo que pensamos. Aunque esto parece un dicho duro cuando pensamos en todos los males que nos llegan, sin embargo, la mente reflexiva no lo tendría de otra manera; porque si nuestros pensamientos y actitudes mentales equivocadas traen dolor, entonces nuestros pensamientos correctos nos traerán alegría y suministro. Esta es la fiabilidad de la ley. La ley nunca cambia; solo nosotros cambiamos. La ley es invariable; solo nosotros somos variables. La ley es como la corriente de la electricidad, es siempre el mismo poder, pero podemos aplicarle el factor variable del instrumento que utilizamos y extraer de ella luz, calor o potencia.

Ahora bien, la afirmación, cuando se utiliza y se entiende correctamente, es simplemente la declaración de la actitud que asumes hacia la ley. Es decirse a sí mismo: «Yo soy receptivo a esta cosa particular de la Mente Divina. Yo soy uno con ella en este punto». Dios está más dispuesto a dar que nosotros a recibir, pero él no puede dar hasta que asumamos la actitud de receptividad. "Pide y recibirás; busca y encontrarás". Los grandes buscadores son los grandes descubridores. Esta es la fe que se lanza en el desconocido mar y encuentra el territorio no descubierto. Por lo tanto, la afirmación suprema es la actitud mental suprema hacia la ley. Es la declaración más elevada. Es fe, porque la fe es una confiada actitud de expectación de lo que se busca.

Entonces, surge la pregunta de cuál es la actitud mental más elevada. Y la respuesta es que no existe una actitud mental tan elevada como el reconocimiento consciente de la realidad espiritual del ser. Ser consciente de uno mismo como espíritu; ser consciente del universo como pensamiento en forma (Lección 8) y ser consciente del pensamiento como el poder gobernante sobre todas las cosas, esto es supremo. Es por eso que todas las declaraciones del ser comienzan con Dios como todo; el ser humano como su hijo, compartiendo su naturaleza y recursos; y la conclusión necesaria de que todo poder se le da al hombre en el cielo y en la tierra.

La actitud suprema, decimos, es la conciencia de ser. Es la conciencia de aquello que es. Jesús dijo: "Dios es espíritu y los que lo adoran deben adorarlo en espíritu y en verdad". Que Dios es espíritu no es algo que pueda ser probado por el intelecto y la razón; es más bien algo que intuitivamente sentimos como verdad. De este modo, la actitud suprema no es una prueba intelectual del ser, sino más bien un sentimiento de realidad. Es saber en el corazón que lo que deseamos es nuestro tan pronto como estemos listos para apropiarnos de ello. Es darse cuenta de que no tenemos que hacer las cosas, solo tenemos que "dejarlas ser". Lo que deseamos existe en la Mente Divina en el momento en que lo deseamos. En espíritu ya es una realidad y, por el proceso de materialización, pronto pasará a la forma y llegará a nuestras manos. Así, nuestra "palabra se hace carne y habita entre nosotros". Así, "conocemos la verdad y la Verdad por sí misma nos hace libres". No tenemos que crear nuestro bien, sino que debemos dejar que la Mente Creativa y la Ley lo hagan por nosotros.

Ahora, dado que la ley asume hacia nosotros la actitud que asumimos hacia ella, percibimos que cuanto más fuerte sea nuestra convicción de nuestra propia esencia de vida o ser, más fuerte será la impresión de ese pensamiento en la Mente Creativa. Entonces, dado que la Mente Creativa se convierte para nosotros en lo que nosotros nos convertimos para ella, la encontramos vertiendo de regreso en nosotros medidas crecientes de su propia vida y ser. Tan pronto como reflejamos en ella el pensamiento de vida, se convierte en un creciente poder de vida para nosotros. Si reflejamos en ella el pensamiento de amor, se convierte en creciente amor para nosotros. El corazón más cercano a Dios siempre siente el mayor poder de su amor. Cuanto más nos acercamos a él, más se acerca a nosotros. Nuevas bellezas aclaran en nuestra visión. Nuevas canciones cantan desde el cielo. Nuevas alegrías nos esperan. Las emociones superiores se vuelven posibles. La mente espiritual ve visiones celestiales donde la mente burda no ve nada; oye voces en la naturaleza donde el materialista oye sonidos. A medida que nos acercamos al Espíritu, el Espíritu se acerca a nosotros.

"Y detrás de la oscuridad desconocida
Permanece Dios entre las sombras
Cuidando de los suyos"

Por lo tanto, la afirmación suprema es una declaración de ser —"Yo soy". Cuando Moisés pregunta: "¿Quién le diré a los hijos de Israel que eres tú?" la Voz dice: "Yo Soy el que Soy". Yo Soy el Absoluto de Todo lo que es. Yo soy el ser puro. Yo soy el nombre inexpresable. Yo soy la prueba sin prueba. Yo soy lo que es. La afirmación suprema es la realización del ser como identificado con el Ser Puro o Dios. Yo soy uno con el Todo. Yo soy. Yo soy el ser. Yo soy espíritu. Yo soy vida. Yo soy sustancia. Yo Soy eso que era en el principio, que es ahora y que siempre será. Yo no soy aquello que fue hecho. Yo existo de eternidad en eternidad. Yo soy la vida más abundante. Yo soy un centro de actividad de la Mente Divina. Yo soy un punto de conciencia en la Mente Total. Yo soy uno con el Infinito. Yo y el Padre somos uno.

Asumir esta actitud hacia la Mente Divina es hacer que asuma hacia ti una actitud más íntima. Te conviertes en un centro de conciencia aún más intensificado porque atraes a tu alrededor recursos aún mayores de la Mente. Así como el estudio y la reflexión del botánico sobre una flor revela su mayor belleza y simetría, de modo que sabe más acerca de la flor que cualquier otra persona, y acumula aún más conocimiento sobre las flores atrayendo información, así también nosotros acumulamos mayores recursos de sabiduría, vida, amor y suministro asumiendo una actitud más íntima hacia ellos y su fuente.

De este modo, no solo la vida y el amor se realizan en mayor medida, sino también el suministro. Porque en el reino del espíritu o la Mente Divina, de donde surgen todas las cosas, las cosas que queremos son sustancia espiritual o pensamiento; y cuando el pensamiento surge en la forma, sigue existiendo dentro de la forma. De hecho, el pensamiento es una entidad individual, aunque no autoconsciente. Podemos llamarlo el alma de la cosa. El alma es la inteligencia que existe dentro de la forma y la sostiene. La duración de la vida de la forma o de la cosa, depende del poder con que se ha dotado el pensamiento en ella. Es por el reconocimiento de que hay una entidad de pensamiento, alma o inteligencia dentro de la Naturaleza y de todas sus manifestaciones y en todas las "cosas" que podemos controlar nuestro mundo y entorno; porque la inteligencia superior y consciente en nosotros puede dominar el mundo inferior de la inteligencia inconsciente de sí misma.

Por lo tanto, podemos atraer lo que deseamos al reconocer que la sustancia de la cual está compuesta y la inteligencia por la cual se sustenta es una y la misma con la esencia real de nuestra propia naturaleza. Identificamos nuestra vida con la vida o el pensamiento que sostiene la cosa; de modo que la afirmación suprema es la afirmación de que nosotros, el pensamiento y la cosa son uno, acompañada del profundo sentimiento de la verdad de nuestra afirmación. Es decir y sentir:

"Yo soy el suministro. Yo soy la riqueza. Mi pensamiento es mi abundancia y mis riquezas cuando lo identifico con el pensamiento del Espíritu".

Esta es la razón por la que frecuentemente decimos: "Yo soy".

Uno se sienta detrás del terrible cambio
y calmadamente dice: "Yo soy".
Por encima del cielo, aunque vuelen las nubes de la tormenta,
aunque la justicia sangre, y los pueblos mueran,
Mientras las naciones siguen la gran mentira,
Yo soy y aun Yo soy.

El sol saldrá, la hierba crecerá,
las nubes en el cielo se irán,
Los antiguos ríos seguirán fluyendo,
Y Yo soy y aún Yo soy
(Edwin D. Schoonmaker en Nautilus, enero de 1918.)

REALIZACIÓN

Vida infinita, yo vivo y respiro en ti. Yo soy tuyo. Yo soy tu vida manifestada. Yo soy tu centro de autorrealización. Yo soy tu amor puesto en forma. Yo soy tu gran aventura en la individualidad.

Yo también soy amor. Yo también soy vida. Yo también soy paz. Yo también soy la sustancia sin nombre. Yo también soy espíritu. Yo soy vida abundante. Yo soy eso que es. Yo soy una sustancia eterna. No puedo morir, porque yo soy vida. No puedo estar enfermo, porque yo soy salud. No puedo ser infeliz, porque yo soy alegría.

Me alejo de todo lo negativo para poder realizar la gran afirmación. Yo Soy. Yo Soy. Yo Soy.

¿Por qué debería temer? Yo Soy. Ningún peligro puede venir a mí. Yo Soy. Yo Soy espíritu y soy vida. No puedo perderme porque estoy en la Mente Divina. No puedo desviarme, porque tú estás en todas partes. Yo Soy. Déjame descansar en la calma y la paz hoy, y cuando los problemas aquejen y las cosas se salgan de lugar, déjame entrar en el lugar secreto del Altísimo, déjame reposar un momento bajo la sombra del Todopoderoso.

Yo Soy; y aun Yo soy. En el lugar secreto de mi corazón, todo es paz y todo es tranquilidad. Aquí no hay tormentas, yo soy; y aun yo soy.

PARTE II

TRATAMIENTOS O REALIZACIONES

**FORMAS PARA EL DESARROLLO
DE LA CONCIENCIA**

EL USO DE FÓRMULAS

Ahora el estudiante ha llegado a un punto en el que reconoce que nadie puede darle una frase mágica de curación o ser su conciencia por él. Él mismo debe conocer la verdad si quiere ser libre. Al mismo tiempo, ha aprendido que es legítimo que utilice todos los medios posibles para el desarrollo de la conciencia. El objetivo es llevar la mente al punto donde sabemos que nuestra palabra no solo puede producir resultados, sino que lo hará y lo hace ahora. Cuanto más sienta el metafísico esto, más seguros son sus resultados. A este sentimiento o conciencia se puede llegar de diversas maneras. Uno puede leer libros, como la Biblia, para inspirar su fe. O puede meditar sobre la verdad y Dios. O puede orar con adoración, o escuchar música inspiradora, o estudiar la flor en el agrietado muro. O puede leer cómo otra persona fue sanada de la enfermedad. Finalmente, puede tomar una forma de tratamiento como la siguiente y, manteniéndola en el pensamiento, puede elevarse hasta el punto de conciencia en el que sabe que la verdad está a punto de liberarlo; así hace de las palabras del tratamiento su palabra a la ley, y se hace a él como quiere.

Reconozcamos que lo que sigue son simplemente formas; no las utilicemos como puro formalismo, sino como pasos hacia la conciencia. No son "tratamientos" después de todo; son realizaciones o percepciones de la verdad y la realidad. La mayoría de ellos están escritos en forma de autoayuda, pero pueden ser utilizados en la percepción de la verdad para otros. En la Mente Divina, en la cual vivimos, nos movemos y tenemos nuestro ser, el ego y el alter ego no tienen una línea esencial de separación. Por lo tanto, lo que es verdad en tu mente debe ser verdad para tu paciente. Ya que Dios es Todo, no existen líneas divisorias en el espíritu. No reconozcas tales. En lo que respecta a tu paciente, cuando ha accedido a recibir tu ayuda, significa que está dispuesto a que tu conciencia sea la suya. Él ha hecho que su mente sea impersonal para ti, para que puedas impresionar en ella justo el carácter que ambos desean que asuma. Él está abierto y receptivo a tu palabra. Por lo tanto, la palabra está en su mente en el momento en que está en la tuya, porque se habla en el espíritu donde el tiempo y el espacio no existen. Como el espacio no existe, no puede haber divisibilidad en la mente, y en el momento en que la verdad se reconoce en ti, se reconoce en él.

Este hecho es tan merecedor de la mayor claridad, que bien podemos insistir en ello. Es el reconocimiento de la unidad de la verdad. La verdad debe ser necesariamente todo, ya que lo que no es verdad no es nada, y todo más nada es igual a todo. Esto significa que la verdad no puede ser dividida, porque si la dividimos en partes debe haber algo que la separe en las supuestas partes, algo debe interponerse, que no es la verdad, para causar la separación. Pero la presencia de lo opuesto a la verdad, o la nada, no puede causar ninguna división real. La verdad, por lo tanto, es una unidad esencial.

Ya hemos estudiado este tema tan importante en la lección sobre la Mente. Allí descubrimos la unidad esencial del Espíritu, la Mente o la Verdad, y aprendimos que es una unidad. Todo el poder de la unidad se concentra en un punto determinado, en cualquier momento, al contactarlo. De la misma manera que la bombilla eléctrica puede utilizar toda la corriente eléctrica y aun así no agotarla, así también nosotros podemos utilizar todo lo que hay en Dios al contactarlo en cualquier punto. Porque, ya que no hay ningún lugar o punto real en el Espíritu, está completamente presente donde sea que lo reconozcamos. Si el estudiante ha comprendido completamente esto, se dará cuenta de que cuando se sienta en el silencio para "tratar" a un paciente, simplemente está reconociendo toda la verdad para el paciente. Entonces, como la verdad está en todas partes con todo el poder, lo que sea verdadero en la mente del sanador debe necesariamente ser verdadero en la mente del paciente. Entonces, si el reconocimiento del sanador es perfecto, él ha recurrido a todo el poder que hay para el paciente. Por eso, el Gran Maestro afirmó con razón: "Todo el poder me es dado en el cielo y en la tierra". Si Dios es todo, y yo vivo en Dios, y hago mi unidad consciente con él, entonces todo el poder que hay debe esperar a mi palabra.

Al dar un tratamiento es fundamental hacer una unidad consciente con tu paciente antes de pronunciar la palabra. Debes reconocer que ambos son espíritus viviendo en la Mente Única, y que lo que sea verdad para ti en esa Mente, necesariamente debe ser verdad para él. En la práctica real descubrirás que después de un tiempo no tienes que pensar en esto conscientemente, porque ya tienes la conciencia de esta verdad. El sanador experimentado rara vez argumenta consigo mismo o con el paciente, porque él ya lo sabe; pero ha tenido que pasar por la etapa en la que tú estás pasando ahora en el desarrollo de su conciencia, así que no te avergüences de elaborar tu pensamiento mecánicamente si es necesario. No obstante, en todo momento, intenta sentir la verdad tan profundamente como puedas mientras piensas o utilizas los siguientes tratamientos.

Con respecto a hablar mentalmente al paciente, tienes la libertad de seguir cualquier método que te proporcione la conciencia más elevada. Si parece que lo acerca a ti, puedes verlo mentalmente cuando esté lejos; si lo deseas, puedes decir: «Tú eres tal y tal». Pero el uso de la segunda persona, o del "tú", puede llevarte a sentir una sensación de separación, así que asegúrate de no sentir que ese sea el caso. Al final, llegarás a un punto en el que todo lo necesario será tomar el nombre del paciente, ya sea presente o ausente, y luego entrar en el silencio de la Mente Total y declarar que todo es plenitud perfecta, verdad, vida, amor y suministro. Entonces dirás la palabra: "Hágase en ti, como quieres". Eso es todo, y si puedes reconocer esto de inmediato, el paciente se curará tan pronto como lo reciba. Puede ser receptivo de inmediato o puede tomar tiempo para que la palabra se manifieste. Eso no es tu asunto. Tú has dicho tu palabra y has reconocido la verdad. No tienes nada que ver con lo que sigue. Si el paciente no responde, debido a alguna sutil duda o renuencia a recibir tu palabra, no es tu culpa. Deja eso a la ley.

La siguiente realización (Lección 2) es sugerida por mi hermano, Ernest S. Holmes, como un buen método para principiantes.

EL PODER SANADOR O CÓMO AYUDAR A OTROS

Primero, centra tu pensamiento en el espíritu, es decir, reconoce que en el espíritu está toda la armonía y toda la paz. Reconoce esto hasta que lo sientas en todo tu ser. Obtén una imagen en tu mente de la paz perfecta, mantenla por algún tiempo, agradece por ella, repite algunos pasajes significativos de la Biblia. Esto te pone en contacto con el poder. Ahora que tu mente está en paz y descansando en el espíritu, dirige tu atención mental a tu paciente, ve en él lo mismo que has visto en ti. Imagínalo como perfecto ahora. Sabiendo que ahora el poder del espíritu, que está en él, es su perfecta salud y vida. Observa esto por él hasta que lo reconozcas perfectamente en él. Ahora puedes llamarlo por su nombre y decirle que está hecho a imagen y semejanza de Dios, y que el espíritu de la verdad está trabajando en él y lo está restaurando completamente a la salud perfecta. Reconoce esto por un momento, antes de continuar.

Ahora continúa y dile que su vida es espiritual y no está sujeta a ninguna condición sino al espíritu. Siente esto con todo el poder que tienes. Obsérvalo con toda la visión que tienes. No te pongas ansioso, ni lo hagas un trabajo duro. Debes estar perfectamente tranquilo, positivo y natural en todo lo que hagas y digas. Recuerda que lo que encarnas es el espíritu de la verdad, el cual hace el trabajo. Esta es la única forma en que puedes esperar buenos resultados. Ahora recuérdale que, como hijo de Dios, está siendo cuidado por el Espíritu de Dios, por lo tanto, está lleno de fe en ese poder y está recibiendo ese poder en su pensamiento y en su vida. Mira esto y siéntelo por él, con calma, positivamente y con absoluta seguridad.

Ahora dile que él es perfecto y completo en su naturaleza espiritual y que lo manifestará en su naturaleza física.

Ahora dale al poder del espíritu todo el lugar durante algunos minutos, reconociendo que está haciendo el trabajo. Repite la oración del Padrenuestro lentamente y con un sentimiento profundo. Si lo deseas, repite varios buenos pensamientos de la Biblia.

Ahora, entrégalo todo al cuidado del Padre Todopoderoso y descansa en paz, porque el trabajo está hecho, en lo que a ti respecta. Mantén este sentimiento de fe y plenitud durante algún tiempo, y termina diciendo: "Está hecho por el poder del espíritu y en el nombre de Cristo".

¿A QUIÉN TRATAR?

En su primer impulso, el ávido buscador de la verdad siente que le gustaría sanar las heridas de todo el mundo. Se compadece de la multitud porque son como ovejas sin pastor. Esto es natural y correcto; pues el interés amoroso y compasivo por nuestros semejantes es una ley indispensable de curación. Pero no debe conducir a prácticas incorrectas. No tienes derecho a tratar a todo el mundo. Es un error tratar a aquellos que podrían considerar tus esfuerzos como una inexcusable intromisión. El simple hecho de que podría hacerles bien, no es una razón suficiente. A menos que el caso sea muy excepcional, estos tratamientos son una invasión mental de sus derechos volitivos. Es sugestión mental, hipnotismo y mala práctica. En todos los casos en que el paciente es mentalmente incompetente, tú tienes el perfecto derecho a sanar. Esto incluiría locura, alucinaciones, casos de accidente en los que el paciente es incapaz de elegir. En todos los casos en los que otras personas están en peligro tienes derecho a brindar tu ayuda, y comprobarás que subjetivamente el paciente está buscando ayuda y, por lo tanto, es receptivo. En caso de que alguien cercano a ti, como un miembro de la familia, esté transgrediendo las leyes de la vida, debes estudiar por ti mismo hasta qué punto tienes derecho a hablarles la verdad. Si sus actos te causan aflicción, puedes tratarte a ti mismo, que estás en un entorno armonioso y que todos los que se acercan a ti son autocontrolados, considerados y amorosos. Esto curará la mayoría de los casos. Si hablan con dureza o actúan de forma desagradable, puedes declarar lo contrario. Di: "Te veo cariñoso, amable y considerado", o haz otra declaración que te parezca bien.

Siempre habrá casos en los que te gustaría ayudar, pero en la actualidad no puedes. Puedes declarar que se está abriendo el camino para que les hables la verdad. Mediante la palabra silenciosa puedes abrir el camino a sus mentes, pero una vez abierto, debes dejar que la verdad haga su propio recorrido. No debes forzar su aceptación. Intentarlo es violar la individualidad de otro. Se han establecido inquisiciones, miles de personas han sido quemadas en la hoguera, se han cometido innumerables asesinatos, se han librado batallas, las naciones se han empapado en sangre, los pueblos han sido exterminados y las civilizaciones se han extinguido por el esfuerzo bien intencionado de fanáticos religiosos que buscaron forzar a otras personas a aceptar su verdad. No perpetuemos el sistema. No tengamos una ortodoxia establecida, sistematizada, dogmatizada, de la verdad. Emancipemos las almas de las personas, así como sus cuerpos. Si Dios hubiera deseado la conformidad con la verdad en lugar de la individualidad, habría hecho al ser humano sin poder de elección. Él habría dicho: "Este es el camino; camina por él porque no puedes evitarlo". Nos habría obligado a amar, a servir, a ser correctos. Pero el amor habría sido mecánico y la virtud una necesidad; Dios sabía más. Él deseaba la entrega espontánea y voluntaria de nuestros corazones, o nada. Deseaba que las personas vivieran la verdad porque amaban la verdad.

Además, la historia de toda religión forzada, donde la imposición ha venido desde el exterior y no del interior, ha conducido al formalismo, la hipocresía, la decadencia y la muerte. Por lo tanto, no intentemos forzar la verdad a nadie. Démosla, y cuando se haya presentado en su propio ropaje y se haya encarnado en nuestras vidas, los demás la querrán por sí mismos. No debemos temer esperar. El mundo tiene hambre de la verdad como las sedientas arenas por la marea que avanza.

Mientras tanto, si tu corazón anhela ayudar, levanta tus ojos hacia los campos, ya están blancos para la cosecha. Miles y miles están listos para tu palabra. Si no la aceptan en una ciudad, anda a otra; si no la aceptan en un hogar anda a otro. No necesitas perder tu tiempo con aquellos que no la quieren cuando hay tantos que piden tu ayuda. Todas las personas son tu hermano, tu hermana y tu madre. "Vayan por todo el mundo y prediquen la verdad a todos". Sin embargo, dirígete hacia las personas más cercanas a ti, siempre que puedas. Aunque rara vez un profeta es honrado en su propio país, allí es donde debe comenzar. Comienza donde estás, ayuda donde estás, si es posible. Si eres fiel en unas pocas cosas, gobernarás sobre muchas.

Si deseas hacer de la entrega de esta verdad y de la curación al mundo el trabajo de tu vida, comienza con aquellos que te rodean. Gradualmente encontrarás que otros vienen por su propia voluntad a pedirte ayuda, y te despertarás una mañana para descubrir que eres un exitoso sanador y maestro, una bendición para tu día y generación.

CUÁNTO TIEMPO TRATAR Y CON QUÉ FRECUENCIA

Es un error suponer que el valor de un tratamiento radica en el tiempo que mantienes el pensamiento. De hecho, estás trabajando en un elemento atemporal. En la mente, todo lo que se conoce debe ser conocido inmediatamente o no se conoce en absoluto. Todo lo que tienes que hacer es "registrar" allí. Tu capacidad para hacerlo rápidamente dependerá de tu conciencia. El uso de afirmaciones, negaciones, tratamientos, realizaciones, lecturas, razonamientos, etc. no es por el bien del paciente sino por tu propio bien. Debes seguir un curso tal que lleve tu fe hasta el punto en que sepas en tu corazón que la palabra que pronuncias sanará. La experiencia de todos los sanadores es que nuestra conciencia es más elevada en algunos momentos que en otros. En momentos exaltados pronunciamos la palabra y el paciente se cura de inmediato, si es receptivo. En otras ocasiones, puede ser necesario aplicar el pensamiento y la argumentación para que nuestra fe alcance la intensidad necesaria para registrarse en la Mente Creativa.

En cuanto a la frecuencia con la que debemos llevar al paciente al silencio, también es una cuestión de condiciones. Si no es fácilmente receptivo, debemos seguir avanzando en el caos y la oscuridad. Debemos tratar hasta que se asegure una apertura, porque, aunque no tratamos a nadie más que a los que desean ayuda, sin embargo, los prejuicios raciales, el formalismo religioso y otras cosas pueden impedir que el paciente reciba fácilmente. Puede ser como el personaje del Nuevo Testamento que exclama: "Señor, creo, ayúdame en mi incredulidad". Por lo tanto, el objetivo del tratamiento repetido es estar seguros de que hemos hecho una realización completa en la conciencia.

Por otra parte, el pensamiento de algunas personas cambia fácilmente; vacilan y aceptan sugestiones contrarias. He tenido pacientes que no podían mantener una idea más de uno o dos días seguidos. En tales casos, he encontrado que es necesario darles instrucción y tratamiento diario hasta que la semilla de la fe tenga tiempo de arraigarse.

No te desanimes ante un aparente fracaso; tú no sabes cuándo puede convertirse en una brillante victoria. Mientras el paciente dependa de ti, continúa afirmando diariamente la verdad del ser y deja el resto a Dios.

QUÉ TIPO DE CASOS TRATAR

¡Qué inadecuadas son las palabras! Nosotros no tratamos nada, ni manipulamos la enfermedad, ni el cuerpo, ni la mente de nuestro paciente, ni la nuestra, ni la Mente Creativa. Nosotros simplemente reconocemos la verdad del ser y eso hace el trabajo por nosotros.

"Conocerás la verdad y la verdad te hará libre".

No hay enfermedad en el espíritu. La llamada enfermedad orgánica no tiene más realidad que la funcional; la funcional no tiene más realidad que la que le damos. La enfermedad está en el pensamiento y se cura con el cambio de pensamiento. Algunos pensamientos de enfermedad parecen estar más firmemente arraigados en la mente del paciente que otros, pero recuerda que todo el poder que existe se aplicará a cada caso y encontrarás una clase de enfermedad tan curable como otra. Hemos conocido demasiados casos llamados incurables, cuya dolencia se desvaneció en la nada, como para equivocarnos con nuestra conclusión de que "Con Dios todas las cosas son posibles". Quien afirme lo contrario, no está familiarizado con el principio con el que trabajamos. Dios es el sanador, la verdad es su arma, y esa arma se nos ha dado para usarla. No dudes en tratar cualquier caso al que tu conciencia pueda elevarse.

Al mismo tiempo, cuando tomes un caso, asegúrate de sentir dentro de ti una suficiente elevación de conciencia. Si, después de la meditación, descubres que no tienes la confianza necesaria, no dudes en entregar el caso a otro sanador. Es más que una deshonestidad mental aceptar como paciente a quien no te sientes capaz de sanar. Por ejemplo, supongamos que el caso es de ceguera total, o de sordera, o de una extremidad rota ¿crees que serás capaz de curarlo? Si es así, continúa. Se ha hecho, se puede hacer. Pero si sabes que tu conciencia no se elevará hasta este punto, entonces rechaza el caso. Sé honesto contigo mismo y con los demás. Evita el peligro del farsante. No desprestigies este gran movimiento uniéndote al ejército de los simples recaudadores de impuestos. Tú estás en este trabajo con un solo gran propósito: sanar. Tu negocio no es "tratar a los pacientes" sino sanarlos.

Asimismo, no subestimes tu conciencia. Si sientes que con Dios todas las cosas son posibles y que tienes la fe suficiente para ver a este paciente bien o próspero, entonces continúa, porque no puedes fallar. Dios agregará para ti "el añadido universal". "Da, y se te dará; buena medida, apretada y rebosante, se pondrá en tu regazo". Lo que sea que puedas concebirte a ti mismo como teniendo o haciendo, puedes hacerlo. No tengas miedo; todo error cederá a la verdad.

REALIZACIONES ESPECIALES

En Pérdida por Muerte

"Yo soy el Dios de Abraham; porque Dios no es el Dios de los muertos sino de los vivos; porque todos viven para Dios".

El sanador presentará al paciente el siguiente pensamiento, de forma audible o silenciosamente:

Lo más fundamental para consolar es comprender que la "muerte" es solo el nombre de un evento en la vida. Nadie muere realmente. La vida no se puede perder. Dios no ve la muerte en absoluto porque solo conoce la vida.

Podemos comparar la vida, o el espíritu del individuo, con una paloma, como se habla en la Biblia. Cuando se rompe la jaula en la que está encerrada, la paloma se libera. Se eleva hacia el cielo y se pierde de vista y decimos: "He perdido la paloma". Pero sabemos que en algún lugar está viva, en algún lugar es libre y feliz. No se ha perdido y vuela a la luz del mismo sol que brilla sobre nosotros. La paloma se pierde por un tiempo para nosotros, pero no está perdida para sí misma. Como Dios solo ve la vida y todos "viven para él", no hubo cambio en la vida de la paloma cuando salió volando de la jaula. Así que la paloma o el "espíritu" no está perdido para sí mismo ni para Dios. Solo se ha perdido para nuestra mente consciente. Nosotros somos los únicos que sentimos el cambio como una pérdida.

Por otra parte, el espíritu no nos ha perdido. Su primer instinto al abandonar el cuerpo, sin duda, es acercarse a sus seres más queridos y bendecirlos. Como es inmaterial, y la mente es inmaterial, puede comunicar su amor a nuestra mente. Pero el pensamiento y el amor son fuerzas silenciosas y no violentas. Por lo tanto, el alma debe estar quieta para recibir la pequeña voz de amor. Si las aguas de nuestra vida están agitadas, el espíritu no puede hacer una impresión en ella con su suave brisa de pensamiento.

Atormentarse y afligirse y "entristecerse como aquellos que no tienen esperanza" es aislarnos de la reconfortante presencia de Dios y del amor del ser querido que fluye a nosotros.

No es que debamos desear que nos cuenten los misterios del más allá, "porque si alguien regresa de la muerte no le creeremos", sino más bien que sintamos el consuelo del espíritu —"Todo está bien"— cuando dirige su amoroso pensamiento hacia nosotros. Incluso puede causarle angustia porque nos encuentra tan caóticos en pensamientos y sentimientos que no puede obtener respuesta de nuestra profunda mente interior, la mente en nosotros que incluso ahora puede regocijarse en los misterios del alma.

Por lo tanto, hay que buscar fervientemente el sueño y el descanso, y una mente tranquila; es un error perder el equilibrio. ¿Llorar? Sí, si lo deseas, derramar lágrimas por la separación que se produce físicamente. El estoicismo no es una gran virtud, pero tus lágrimas no son la violencia del miedo o del arrepentimiento. Ni tampoco retendrás el avance del alma. Ha pasado a otras formas de desarrollo y experiencia.

Bendícela y déjala partir. Algún día se romperá para ti el cordón de plata y también pasarás a la tierra más nueva y más elevada. Mientras tanto, Dios vela por los dos —el ser querido allá, y por ti aquí—así como el mismo sol brilla sobre tu amigo en el este mientras tú estás en el oeste, o en el norte, o en el sur.

* Serena la mente de tu paciente, y luego toma la siguiente realización:

Ahora eres consciente del Dios que habita en tu interior y del Dios en quien habitas. Sientes que conocerlo a él es vida eterna. Sabes que él es vida sin-fin y sabes que tú y tu ser querido son hijos del Padre; por lo tanto, la vida de ambos es eterna. Dios no conoce la muerte y con él no hay separación porque, como dijo Jesús: "Todos viven para Dios". Tú sientes paz, tranquilidad y calma. Tú descansas en divina paz y tranquilidad.

* Ahora, continúa reconociendo la verdad para la "Paz" (ver el tratamiento indicado más adelante: "Para la Paz", y si el paciente lo necesita, "Para Dormir")

Ejerce una fe profunda, ordena a las tensas cuerdas de la mente y el cuerpo que se relajen y mentalmente ordena que llegue el sueño. Cuando sea necesario, utiliza la realización de "la Presencia", y luego descansa tu mente en paz o silenciosamente deja a tu paciente.

Para Problemas Nerviosos, Dolor de Cabeza, Neurastenia, Indigestión, etc.

Los problemas nerviosos se deben a la reacción de la presión mental de un tipo u otro. Muchas personas andan apresuradas en su trabajo, incluso cuando no es necesario apurarse; trabajan bajo presión. Otros piensan demasiado tiempo en una cosa, constantemente dándole vueltas a un pensamiento; "tocando la misma cuerda", preocupándose por una cosa. Un choque severo en el sistema físico a menudo dirige la atención de la mente al cuerpo y provoca "nerviosismo". Generalmente se puede encontrar el miedo como primera causa. Muchas personas dicen: «Este ruido, esa persona, etc.., me saca de quicio» y luego, el sensible sistema les toma la palabra y se vuelven discordantes. Analiza la causa. Júzgalo ante el tribunal de la razón. Estás en desarmonía con tu mundo. Crees que "algo está mal en alguna parte". Deja de pensar eso. La manera de hacer las cosas bien, es pensar bien. Entra en armonía con tu mundo. Los problemas nerviosos se deben a la falta de armonía y la forma de deshacerse de ellos es volver a la armonía. Haz tu unión con las personas, con el entorno y con Dios. Si no está bien, hazlo bien. Hazlo bien mentalmente. Si alguien no está en armonía contigo y eso te inquieta, realiza una declaración de que ellos realmente son uno contigo, porque ambos son uno en el corazón del universo.

Ahora toma la realización de la paz. Mantén esta verdad en la mente por un momento y di:

"Yo Soy uno con todas las personas y todas las cosas. Descanso en la segura confianza de que debajo de mí están las vigas del Todopoderoso y debajo están los brazos eternos".

Si lo necesitas, realiza la verdad para dormir. Después de un tiempo sentirás que estas verdades son ciertas y externalizarán para ti lo que deseas.

Venciendo el Miedo, la Duda y la Crítica

"El vencedor heredará todas las cosas"

Yo tengo el poder de la verdad en mí, por lo tanto, no cometeré errores.

Yo tengo el poder del amor en mí, por lo tanto, me mantendré en armonía con todas las cosas y personas.

Yo tengo el poder de la vida en mí, por lo tanto, tendré toda la salud hoy.

Ahora supero toda tendencia a dudar, a temer, a encontrar fallas, a caer en mis antiguos errores. Yo soy dueño de mis apetitos, pasiones, hábitos y, sobre todo, de mis pensamientos.

Yo supero todo deseo o interés en cosas y pensamientos negativos. Por lo tanto, hoy heredo el reino de Dios —el reino del amor, la alegría y la paz. En consecuencia, todas las cosas buenas son también mías y estoy agradecido de Dios por la benéfica ley de la vida que me da estas cosas.

Te agradezco, Padre, por estas cosas. Amén.

Independencia y Libertad

"Donde está el espíritu del Señor, hay libertad"

En mí está el espíritu del Dios vivo. La vida que vivo es la vida del Espíritu; el amor que siento y expreso es el amor del Espíritu; la sabiduría que muestro es la sabiduría del Espíritu. El Espíritu del Señor está sobre mí y siento su presencia en mí y a través de mí. El espíritu del Señor está en todas partes y en todo y no puedo salir de él, aunque quisiera; no lo haría si pudiera. Por lo tanto, yo soy uno con él en espíritu y en verdad. Acojo el pensamiento de Dios; medito en ti y me alegro. No hay nada opuesto a ti, porque tú eres todo. No hay nada fuera de ti; no hay lugar donde tú no estés.

Ya que tú eres perfecta libertad, yo también soy libre. Ya que tú eres lo ilimitado, nada puede atarme. Donde no hay ataduras, hay libertad. Dado que yo soy hijo de Dios, solo puede haber acción ilimitada para mí. Yo soy libre. Yo tengo libertad. Nada me ata sino el amor y mi propia voluntad.

No me afectan las opiniones ni los prejuicios de los demás. No me afectan las tradiciones. Yo no estoy limitado por convocatorias, credos o confesiones. Estoy limitado solo por la rectitud de mi propio corazón. Si las opiniones y los prejuicios de los demás tratan de atarme, me libraré de los grilletes y seré libre. No actuaré de esta manera porque otros lo hacen, sino porque yo deseo hacer lo que quiero. Si no lo deseo, no actúo.

Mis amigos no tratarán de hacerme actuar en contra de mi propio sentimiento interior, los demás no pueden. Yo actúo solo por el impulso de mi propia alma, por mi propia iniciativa.

Yo soy un espíritu independiente. Yo soy un pensador independiente. Yo soy un adorador independiente. Yo soy mi propia norma y mi propio juez. Yo soy consciente de la gloriosa libertad de un hijo de Dios. Estoy lleno de felicidad y alegría, porque yo soy dueño de mi propio destino y forjo mi propio destino. Yo seré lo que quiero ser, con la ayuda de Dios. Amén.

Fe y Confianza en el Espíritu

"Encomienda tus caminos al Señor, confía también en él y
él hará"

Yo reconozco que no soy yo quien hace las obras, sino mi Padre que habita en mí. Reconozco que mi poder no está afuera sino adentro. Reconozco que mi poder es el poder del espíritu. Que todo es espíritu y, por lo tanto, "Todo el poder me es dado en el cielo y en la tierra".

Yo encomiendo mis caminos a la única sabiduría y al único poder —el Espíritu. Yo confío en la sabiduría y la guía interna. Confío solo en el camino del Espíritu. No busco ayudas externas al Espíritu y la conciencia espiritual. El Espíritu es creativo y hace todas las cosas. Es sabiduría y sabe cómo hacerlas. Por lo tanto, yo le encomiendo mis caminos para que los lleve a cabo. Le encomiendo mis caminos por medio de mi pensamiento, ya que el Espíritu es Mente y actúa por el pensamiento. Por lo tanto, yo percibo mi bien y el Espíritu toma mi pensamiento y trabaja en él, mientras duermo. Yo entrego mi deseo al Espíritu y éste sigue trabajando para mí sin cesar. Espero, confío y recibo. Descanso en confiada tranquilidad. Mi bien viene a mí, porque Dios está ahora de mi lado y trabajando en mi problema.

Por eso doy gracias.

Paz y Salud

"Señor, Dios mío, a ti clamé y tú me sanaste"

Ahora asumo una actitud de expectante fe hacia Dios. Ahora miro a la ley de la Vida para mi liberación. Ya no dependo de las cosas materiales, sino de la ley de mi propio ser interior.

Hoy hago mi unidad con el bien, con Dios y con la ley. Yo soy uno con los más elevado y lo mejor. Yo soy uno con las leyes universales. Yo soy uno con todas las personas en la más alta amistad. Yo estoy en paz con mi mundo. Yo soy libre del sentido de lucha. Yo soy libre de la sensación de irritación y miedo. No hay ninguna fricción en mi vida y hoy me niego a ver la imperfección en alguna parte.

Este es mi clamor a Dios, he cerrado mis ojos a la oscuridad para poder ver la luz. He cerrado mi mente al mal para poder pensar solo en el bien. Yo le doy la espalda a la pobreza para poder percibir mi suministro. Yo solo reconozco lo bueno, lo bello y lo verdadero. Por eso he clamado a ti, oh Señor, y he declarado mi fe en Dios y en el Bien. Por eso estoy seguro de mi sanación. De hecho, estoy sanado, porque tú ya has respondido a mi oración y porque me he negado a reconocer el mal ya he descubierto que no hay nada más que el bien para mí.

Te doy gracias por todas las cosas. ¡Que así sea!

Para Dormir

"Cuando te acuestes no tendrás temor; sí, te acostarás y tu sueño será dulce"

Yo descanso en perfecta confianza en Dios. Nada puede venir a mí sino el bien, porque Dios es bueno y donde él está no puede haber peligro ni daño.

Hoy no temo porque confío en el poder protector del Amor y la Sabiduría Divinos. No consentiré mis sutiles temores o mis dudas. No permitiré que vengan a mí pensamientos temerosos. He puesto mi mente en cosas elevadas. Es mi voluntad que mi mente se mantenga en los pensamientos de fe y paz.

¿Por qué debería temer si tú me guardas? El que me guarda no se adormece ni duerme. Él da a sus ángeles órdenes acerca de mí para que me cuiden mientras estoy despierto o dormido. Porque he puesto mi amor en él, él me librará. No permitiré que las antiguas preocupaciones atormenten mi mente. No permitiré que me perturben las personas o las cosas. No estaré nervioso ni temeroso. No lo haré porque no puedo estarlo, cuando mi mente está en Ti, oh Señor, mi Luz y mi Salvación.

"El Señor es la fortaleza de mi vida, ¿de quién temeré?"

Yo no temo a nada. Estoy lleno de paz. Tú restauras mi alma.

"La paz les dejo, mi paz les doy; no se la doy como el mundo la da. No se turbe su corazón ni tenga miedo".

Así descanso en tranquila confianza y fe todo el día, y porque mi mente está en paz todo el día, también está en descanso y en paz por la noche. Doy gracias por el amor y el atento cuidado que el Amor Divino mantiene sobre mí.

Prosperidad (1)

"Con Dios todo es posible"

Yo dependo nada menos que del suministro del Infinito. Aquí no hay limitación. No hay condiciones. No hay requisitos. Todo es posible.

Yo soy hijo de Dios y comparto su naturaleza y sus recursos. Por lo tanto, todas las cosas son posibles para mí. No acepto menos que lo mejor y lo máximo de lo que necesito y deseo.

Yo no temo a la carencia ni a la limitación. Dios puede sacarme de todas mis dificultades, y así lo hace hoy. Yo pasaré por todos mis problemas actuales a la segura solución a través de la Sabiduría y el Suministro Divinos. Hoy sigo mi camino en perfecta paz y satisfacción porque tú estás conmigo y por mí.

Te doy gracias, Padre mío.

Para Aquellos en Problemas

"Junto a tranquilas aguas me conduce"

Hoy descanso en una nueva calma y paz porque él me guía. Mi inquieta alma está tranquila. Mis temores han desaparecido. Los molestos problemas de la vida se han olvidado. He entrado en el lugar secreto del Altísimo. Hoy estoy en paz y en reposo.

Sigo mi camino con un espíritu imperturbable. "Lo mantendrás en perfecta paz, aquel cuya mente permanece en Ti".

Las cosas que me han estado preocupando ya han desaparecido porque siento un mayor interés por las cosas más finas del Espíritu. ¿Qué mal puede venir al corazón que está en paz contigo? Yo no temo al mal, porque tú estás conmigo. Sí, aunque pase por el valle de sombra tú estás conmigo. La vida eterna es mi porción. Los hilos rotos aún estarán entrelazados. Mis problemas aún encontrarán su solución. Volveré a ver a mis seres queridos.

Yo puedo esperar y puedo confiar y puedo descansar en el Espíritu. Esta pena, este dolor, este problema pasará y encontraré mi paz. Así, la encuentro hoy, porque Dios es el mismo ayer, hoy y siempre. Entro en las cámaras eternas de mi alma. Yo me encuentro con el espíritu. Yo hablo con Dios. Yo estoy en la sala del trono del Espíritu y estoy contento.

Padre, en tus manos encomiendo mi espíritu. Allí descanso hoy en paz y tranquilidad.

Amén.

Sabiduría e Iluminación

"Entonces tu luz despuntará como la aurora y al instante
llegará tu sanidad"

Hay una luz de entendimiento dentro de mí que es capaz de
interpretar todas las cosas. Esta luz es la Sabiduría de Dios en
mi propia alma. Es la revelación de Dios hacia mí. Yo soy cada
vez más consciente de esta sabiduría interior y de su poder.
Abre mis ojos, oh Dios, para que aparezcan nuevas y mayores
visiones, para que pueda crecer siempre en mi capacidad de
pensar, actuar y hablar solo aquellas cosas que son reales y
verdaderas.

Mi visión se hace más brillante día a día. Por lo tanto, me
lleva a actuar más sabiamente. Estoy actuando cada vez más en
línea con la voluntad creativa; por lo tanto, estoy en armonía
con las leyes del universo y ellas están en armonía conmigo.
Por eso, la salud brota de mi ser interior. Yo guardo la ley y la
ley me guarda a mí. La salud brota dentro de mí como de
manantiales ocultos. La vida me llena hasta desbordar. La
dicha estremece hoy mi alma, porque he hecho mi unión con la
vida del Universo, y el Padre y yo somos uno.

Doy gracias por el indescriptible don de la comprensión
espiritual.

Prosperidad (2)

"Alégrate en el día de la prosperidad"

No olvidaré dar gracias por mi prosperidad. Por lo tanto, daré gracias ahora, porque todo el suministro es mío ahora, y la riqueza del mundo está al mando de mi fe. "Antes de que llamen, les responderé". Por lo tanto, el bien que busco es mío ahora.

"Cuando ores, cree que has recibido y recibirás". Yo Creo que en el reino del espíritu, donde todas las cosas existen primero como pensamiento, mi bien ya ha nacido y ha comenzado a crecer para mí. Por lo tanto, yo creo que en la Mente Divina ya he recibido. En consecuencia, sé que recibiré de manera objetiva, ya que cada pensamiento debe pasar a la forma. Puedo dar gracias, y lo hago, en esta confianza.

Ahora yo estoy lleno de alegría en mi prosperidad, estoy lleno de gran alegría, porque no solo tengo la prosperidad que busco, sino que tengo eso que es grandioso —el poder de concebir y el poder de aceptar una mayor medida de bien del Dador de todo don bueno y perfecto.

Yo descanso en la satisfacción divina y la paz infinita. Doy gracias por la luz, la vida y el suministro que son míos.

Perdón y Sanación

"El que perdona todas tus iniquidades, el que sana todas tus enfermedades"

Hoy soy consciente del indulgente amor del Espíritu. Dios es mi Padre, lleno de infinito amor y ternura. Yo sé, por lo tanto, que mis errores no son retenidos en la Mente Divina. Solo yo no me he perdonado. Solo yo he consentido el pensamiento negativo de debilidad.

Dios perdona todos mis errores y, por lo tanto, yo me perdono a mí mismo. Si he hecho mal a otro, lo corregiré. Seré sincero con todas las personas. Superaré mi falta. Me elevaré por encima de mi debilidad.

Ahora me perdono a mí mismo. No me compadezco de mí mismo ni simpatizo con mi falta, pero lo haré nada al elevarme tan alto en la conciencia, que este deseo o tentación no pueda volver a estropear mi alegría en mi propio ser perfecto.

Por lo tanto, yo estoy libre de sentimiento de culpa y falla. Me elevo a nuevas alturas. Avanzo en una libertad nueva y consciente. Estoy lleno de alegría y paz. Por lo tanto, estoy completo y todo mi cuerpo está lleno de luz y salud, yo estoy lleno de acción de gracias.

Orientación en los Negocios

Ahora yo he entrado en la Mente que lo sabe todo. En el profundo silencio de mi mente estoy en contacto con Toda-Sabiduría. Aquí es donde comienza cada pensamiento. Yo soy consciente de que esta Mente en mí sabe exactamente qué hacer en estas circunstancias. Aunque yo, la mente objetiva, no sé cómo actuar, esta mente en mí lo sabe y lo sabe ahora. Por lo tanto, te encargo a ti, mi ser interno, que elijas el mejor curso que debo seguir en este trabajo. Luego lo pondrás en forma de pensamiento y el pensamiento, a su vez, se convertirá en acto.

Yo paso de la verdad en la mente, a través de la verdad en el pensamiento, a la verdad de la acción correcta. Ahora yo confío en la guía interior del espíritu. Que todos mis asuntos se hagan suaves y armoniosos. Que todos mis arreglos comerciales se alineen con la prosperidad. Déjame ahora actuar sabiamente.

Ahora sé que los pensamientos que vienen a mí en esta línea serán correctos y haré lo correcto en el momento correcto. Puede que no sea consciente en ese momento de que estoy actuando bajo la guía de mis intuiciones, pero así actuaré. Porque ahora encomiendo mis caminos al Señor, confío en él, y él lo hará. Todos mis asuntos ahora irán bien. Mis planes de negocios se llevarán a cabo. Tendré éxito en esta empresa y no perderé ánimo ni valor.

Ya está hecho, en la Mente Creativa. Se ha cumplido y me alegro de dar las gracias.

Relajar el Cuerpo

Para aliviar la sensación de tensión y presión, es necesario reconocer la triple base del sentimiento. Percibimos

"Ni el alma ayuda más a la carne ahora
que la carne ayuda al alma"

El organismo físico necesita estar tranquilo y reposado. Un buen método a seguir para aquellos que están bajo especial tensión es sentarse o acostarse y comenzar el proceso de relajación. Dirígete a cada parte de tu cuerpo por turno y da tus órdenes: «¡Brazo, relájate! ¡Pierna, relájate! ¡Músculos de la garganta, relájense!»

Descubrirás que has estado bajo tensión. Quizás los hombros o la espalda se encuentren tensados con el peso de la preocupación. O el abdomen ha sido retenido y necesita soltarse. Sea lo que sea, responderá a tu voluntad, e incluso los músculos y nervios involuntarios responderán a tus órdenes. El descanso y la tranquilidad se apoderarán de ti, y te sentirás singularmente libre.

Ahora debes procurar que los sentimientos morales estén bajo control. Es imposible hacer tu unidad con el Todo-Bien si sientes que estás equivocado en alguna parte y, como este sentido de unidad es absolutamente esencial, debes tratar de hacer lo correcto en pensamiento y acción con los demás, contigo mismo y con la ley infinita de la vida. Tener "manos limpias y un corazón puro" y "una conciencia limpia delante de Dios y de los hombres" es encontrar alivio de inmediato.

Recuerda que la ley no está en desarmonía contigo, sino solo tú con ella.

"Antes de que llamen, les responderé". Por lo tanto, perdónate a ti mismo por tus errores, porque tú eres un "hijo del hombre" y "el hijo del hombre tiene poder en la tierra para perdonar los pecados".

Al tratar a otros, declara mentalmente que sus pecados han sido perdonados y que, por lo tanto, no existe en sus mentes ningún sentido de separación de Dios. Jesús parece haber perdonado invariablemente el pecado antes de sanar. "Hijo, tus pecados te son perdonados, ahora levántate, toma tu lecho y anda".

A continuación, debes liberar la mente. Te sorprenderá descubrir cuánto te has estado preocupando. Has tenido miedo de tu trabajo o de la opinión de los demás. Has temido el fracaso. Has deseado demasiado. Tu mente ha estado en tensión todo el tiempo. Día y noche, tu cansado cerebro ha seguido trabajando, desconcertándose, anticipándose. Te resulta difícil renunciar a todo esto. Pero se puede hacer. Hay muchas maneras. En primer lugar, existe la determinación de cambiar, tener un nuevo conjunto de intereses y adherirse a ellos. La conversión significa un cambio de mentalidad y la razón por la cual la experiencia religiosa, que llamamos un renacimiento, es valiosa, es que todo el curso del pensamiento cambia. Los intereses de la vida son alterados. Lo antiguo se encuentra discordante, lo nuevo es atractivo. Vuelve tu mente para considerar qué maravillosas cosas son el crecimiento y el autodesarrollo. "Desea fervientemente mejores cosas".

Olvida tus antiguas preocupaciones y problemas dedicándote a nuevos intereses. Aprende a preocuparte más por los demás. Esto ayudará. Aléjate de ti mismo. Eres demasiado importante —¡para ti mismo! No eres tan grande como crees. Sé más modesto. No eres Atlas llevando el mundo sobre tus hombros. Mantén un pequeño diálogo contigo mismo: «Mi trabajo va bien. Ahora lo olvidaré, así me sentiré más fresco mañana. Vienen cosas mejores. Todo saldrá bien. El futuro tiene muchas cosas maravillosas guardadas. La vida es buena. Ahora estoy disfrutando de mi descanso o recreación. No siento resentimiento contra nadie. No temo a nada ni a nadie. Estoy tranquilo. Estoy destinado a ser feliz —ahora».

Las cargas se irán de la mente. Las preocupaciones se irán volando como es debido. Una sensación de ligereza y calidez invadirá la mente.

¡Suelta a la jauría del miedo, la preocupación y la prisa, y déjalos ir! Es preferible la vida simple y feliz de circunstancias moderadas que los hilos enredados y retorcidos de una vida infeliz e insalubre.

****

Así, el buscador de la verdad se convertirá en el Gran Descubridor, porque el que busca encontrará; el que llama a la puerta de la Sabiduría se le abrirá, y esta será la naturaleza de su maravilloso descubrimiento: "Yo y el Padre somos uno". Saber que el Espíritu pasa a través de nosotros a la expresión, que la energía creativa es un servidor esperando la orden del pensamiento, y que nosotros somos los pensadores de ese pensamiento, es darnos una sensación de poder y maestría. La llave maestra de la vida es la Unidad. Todos los males de la vida se deben a la desarmonía, la desarmonía se debe a una sensación de separación y falta de unidad. Pero cuando hemos vuelto a hacer nuestra unidad con el Todo-Bien ya no nos convertimos en sirvientes de la ley, sino que la ley se convierte en nuestra sirvienta, mientras pasamos a la gloriosa libertad de los hijos de Dios.

Recibe el Espíritu de la verdad, elévate a la unión consciente en la que puedes decir: "Yo y el Padre somos uno" y entra en tu reino en el reconocimiento consciente del "Cristo en ti, la esperanza de gloria".

MI ORACIÓN DE BUENAS NOCHES

Ahora déjame dormir. En paz me acuesto
Mientras se acerca el final del día:
Dia bueno o malo, no hay más pensamiento que me moleste
cuando por la mañana me levante.

Ahora en el pecho de la noche una vez más me acuesto.
Como cuando era niño me recostaba
en el cálido abrazo del amor materno,
Cansado por las horas de juego.

Descanso y pronuncio una oración a Dios esta noche
Y siento su cercana presencia.
Cuyo poder es grandioso,
Cuyas alas me cubren
Y protege mi corazón del miedo.

Aunque la noche sea oscura, me acerco más a Dios;
Él ve más allá de la oscuridad
y sabe el bien que me espera allá
Él oye la alondra de la mañana.

Así que déjame descansar en un sueño sin sueños.
¡Huyan, preocupaciones, a las sombras oscuras!

Mi alma encontrará su paz en Dios y
despertará del sueño a la alegría en él.

F. L. H.

WISDOM
COLLECTION

Sabiduría de Ayer, para los Tiempos de Hoy

www.wisdomcollection.com

Dirección en español

www.**coleccion**sabiduria.com